絕不服輸
蜜雪兒

貧民窟也可以飛出金鳳凰

Michelle Obam

成長階梯：67

絕不服輸蜜雪兒：貧民窟也可以飛出金鳳凰

編著　席拉
出版者　大拓文化事業有限公司
執行編輯　林美玲
美術編輯　姚恩涵
圖片提供　達志影像

總經銷　永續圖書有限公司
劃撥帳號　18669219
地址　22103 新北市汐止區大同路三段一九十四號九樓之一
TEL　(〇二)八六四七—三六六三
FAX　(〇二)八六四七—三六六〇
E-mail　yungjiuh@ms45.hinet.net
網址　www.foreverbooks.com.tw

CVS代理　美璟文化有限公司
TEL　(〇二)二七二三—九九六八
FAX　(〇二)二七二三—九六六八

法律顧問　方圓法律事務所　涂成樞律師

出版日◇二〇一五年九月

國家圖書館出版品預行編目資料

絕不服輸蜜雪兒 ：貧民窟也可以飛出金鳳凰 / 席拉編著. -- 初版. -- 新北市 : 大拓文化, 民104.09
面 ； 公分. -- (成長階梯 ; 67)
ISBN 978-986-411-011-7(平裝)
1.蜜雪兒(Obama, Michelle LaVaughn Robinson)
2.傳記 3.自我實現
177.2　　104012065

前言

蜜雪兒・歐巴馬，美國第五十六屆、第四十四任總統巴拉克・歐巴馬的妻子。也是當今美國最有影響、最廣為人知的女性，她是魅力的符號，令全世界無數女性奉為心中的女王和楷模。

這位名叫蜜雪兒的傳奇黑人女子，從「芝加哥南岸的普通小女孩」起步，華麗轉身成為廣受讚譽的美國第一位黑皮膚的總統夫人，但在光環之下，她始終洋溢著親切而真實的風華與魅力。

大多數人只停留在追求外表漂亮的層次上，而蜜雪兒身上所展現出的那種新時代女性的內涵和外延美，真正展現了一個女人把氣質與修養、內涵與品味、理性與智慧、情感與藝術完美結合所產生的魅力。

縱觀蜜雪兒的人生軌跡，她用自己的智慧演繹了一個現代都市女性所能擁有的完美生活，她有自我、有美德、有才華，把「魅力」這個詞演繹得流光溢彩、妙不可言，著實令人驚歎！

我們將為您細數蜜雪兒在事業、愛情、婚姻、生活和時尚等方面的魅力修煉智慧，全方位地展示她的魅力人生，

我們真誠地希望每一位讀過本書的女性都能夠有所收穫，讓心與智得到提升和淨化，如蜜雪兒一般，讓成功與魅力同在，譜寫出屬於自己的精采人生。

也許不能做到最好，妳可以做到更好，願天下女人都能更有魅力，更加成功！

Chapter 1

命運可以把握，是對自己最好的承諾

Chapter 2

聰明地去愛，愉悅地享受愛

Chapter 3

做丈夫的後盾，絕不讓他一個人去戰鬥

Chapter 4

★★★ 絕不服輸 蜜雪兒 貧民窟也可以飛出金鳳凰

馭心有術，讓男人不忘回家的路

Chapter 5

持家有道的女主人，家庭合唱的總指揮

不會打扮是種罪，走到哪裡都得是焦點

Chapter 7

擁有一流智慧，更要有一流氣質

Chapter 8

「不愛競選活動，更愛平淡日子」

Chapter 1

命運可以把握，是對自己最好的承諾

絕不服輸，貧民窟也可以飛出「金鳳凰」

「美麗的蜜雪兒有著透過奮鬥獲得美好生活的能力，讓我們這些覺得自己不漂亮、不值得人注意和被愛的黑皮膚女孩覺得有希望。」

——一名黑人女孩

蜜雪兒是美國歷史上第一位黑皮膚的總統夫人，在大眾豔羨和讚歎的背後，鮮有人知道蜜雪兒從小到大面臨的種種困境和她為了改變自己命運而付出的努力。

六十年代的美國還是一個「黑白分明」的時代，出生於黑人家庭的蜜雪兒無法不去面對種族主義問題。那時候，蜜雪兒一家住在芝加哥南部，父親弗雷澤・羅賓遜是芝加哥城市汙水處理廠的工人，母親瑪麗安是一家公司祕書，為了讓小蜜雪兒健康成長，父母勸她對此不要理會，不要讓自己變成其他人認為的「那種人」，而是把注意力集中在更重要的事情上——使自身成長為優秀的人。

對此，蜜雪兒確實也是這樣做的。哥哥考進普林斯頓大學後，蜜雪兒經常走訪那裡，並夢想著有一天自己也能成為那裡的一員。可是當她回到所在的高中，她能得到的鼓勵卻少得可憐，「沒有人和我說過，我能去普林斯頓或者哈佛讀書，甚至是去讀大學也沒有。」

但是蜜雪兒從未讓這些消極的東西影響到自己，她仍默默的行動，因為她知道只有付出才會有結果，只有結果才能證明一切。雖然指導老師告訴她，她的平時成績不夠好，上不了常春藤聯盟的學校，蜜雪兒還是申請了普林斯頓和哈佛，並最終被普林斯頓大學正式錄取，成為名副其實的「金鳳凰」。

然而，普林斯頓大學也是一個種族隔離制度嚴重氾濫的地方，在大多數情況下，蜜雪兒和她的非洲裔同學，在學校裡總是被忽視的那一群。蜜雪兒感到，在大學時代「我比以往任何時候都更加意識到我的黑人身分」。但父母為供自己上學已經做出了很大的犧牲，因此蜜雪兒並不打算向他們抱怨自己所遇到的歧視，儘管她的確為自己和其他黑人學生在校園裡所遭到的不公正待遇而深深困擾著。

蜜雪兒決定用行動來改變，因為抱怨往往是徒勞而又費神的，於事毫無助益。嘴巴說得再好，仍站在原地，而腳雖默無聲息，卻可以不斷前進，去真正改變嘴巴在不斷抱怨的處境。儘管被主流社會排斥，但蜜雪兒在「第三世界中心」找到了「回家的感覺」，而且為該社團貢獻著了一份自己的力量。並隱隱約約地確定了她後來為公共事業服務的人生方向，「我們到底是在為了什麼而奮鬥」，這樣的自省讓她時刻保持清醒，並在摸索中慢慢找到了她人生的答案。

她或許是幸運的，但這幸運是在她預料之中的，她有自己的目標，有自己的夢想，並為之努力奮鬥，辛苦付出，她是自己在掌控著自己的命運。從不服輸，是對自己負責，也是對自己成長的承諾。只有那些在困難面前不服輸並艱苦奮鬥的女人，才更加懂得成功的甘甜。

莎莉・拉斐爾幾乎一夜成名，在傳媒產業競爭激烈的北美市場，她開拓出了一片屬於自己的疆土。每天八百萬的觀眾坐在電視機旁與她準時相約，聽她娓娓道來。而在莎莉・拉斐爾這些光鮮景象的背後，是她十八次被辭退的遭遇，是她個人成功的艱辛奮鬥史。

在她三十年的職業生涯中，莎莉・拉斐爾曾遭遇十八次辭退。可是每次她都能夠樂觀面對，並且放眼更高處，確立更遠大的目標。

一九八一年，她遭遇一家紐約電視臺的辭退，說她跟不上時代，她因此失業了一年多。

在這期間，她向一位國家廣播電臺職員推銷她的談話節目構想。「我相信公司會有興趣。」那人如此答覆她，但是此人不久就離開了國家廣播公司。

後來她碰到該電臺的另一位職員，再度提出她的構想，雖然此人也一再誇獎她的構想，但是不久他也失去了蹤影。最後她說服第三位職員雇用她，此人雖然答應了，但是提出要她在政治台主持節目。

「我對政治所知不多，恐怕很難成功。」她對丈夫說，但丈夫鼓勵她去嘗試。一九八二年夏天，她的節目終於開播了。多年的職業生涯使她早已對廣播駕輕就熟，於是她利用自己的優勢和平易近人的作風，大談七月四日美國國慶對她自己有什麼意義，又請聽眾打電話暢談他們的內心感受。聽眾立刻對莎莉的這個節目產生了興趣，她幾乎一夜成名。

「我遭人辭退了十八次，本來大有可能被這些遭遇所嚇退，做不成我想做的事情，」她說，「結果相反，我讓它們鞭策著我勇往直前。」正是憑藉這種不服輸的樂觀精神，莎莉・拉斐爾總能在逆境中不放棄對成功的追求，不失去希望而又善於尋找崛起的機遇。

所以，女人要想成功，就需要聽從自己的意志，不怕困難，不屈從命運安排，不管別人怎麼說，用自己的雙腳走路。儘管是條彎路，儘管會碰壁、跌倒、甚至有時跌得頭破血流，但只要不停地走，等終於走過來了時，會驀然發現，妳已經成功了，長大了。

「野心勃勃的女職員」知道自己要做什麼

「她不只是抱負遠大，她是我遇到的最有野心的年輕助理。」

——盛德律師事務所的老闆

蜜雪兒剛開始在盛德律師事務所上班時，選擇的是智慧財產權組，和其他單調無聊的業務線比起來，智慧財產權組的工作能接觸到廣泛的高端客戶。

不過之所以選擇這個領域，蜜雪兒還有自己更實際的原因：智慧財產權組只安排了較少的幾個律師負責，她有更多的機會表現自己，給人留下深刻印象——在這兒比在別的地方晉升得更快。

所以從一開始，蜜雪兒就爭取到了在其他事務所只有更資深的律師才能得到的美差。但是，對蜜雪兒來說，這還遠遠不夠，她拿下了一個又一個的高端客戶，很快就又變得不安分了。

她的老闆後來回憶說：「事務所裡沒有任何一件工作可以滿足她，能夠給她足夠的空間，讓她去滿足她那要改變整個世界的野心。如果用一個詞來形容蜜雪兒，那麼她是『野心勃勃』的。」

在職場上的蜜雪兒是一貫的雷厲風行，清爽幹練。她的成熟超出了她的實際年齡，有創見、有深度、有信心和決心，思想非常開放。蜜雪兒面試芝加哥市長助理時，表現得如此成熟，當她的面試官賈勒特意識到這一點時，她已經基本上掌控了面試過程的主動權。「我知道她很特別，」賈勒特說，「所以我當場就給了她這份工作的邀請。」

在新工作中，蜜雪兒不僅負責推動刺激經濟增長的項目，還在市政府與各方面商業實體的合同談判中熟練運用她的法律技能，在談判桌上，她始終嚴陣以待，威風凜凜，她知道她要做什麼。

她對實質性的問題給予了很多的關注——什麼會影響社區，什麼會影響那裡人們的生活。而這正是她的夢想——為她的社區做些什麼。是的，她一直在堅守著這個夢想，而且，她做到了。

毫無疑問，像蜜雪兒這樣一個具有明確目標的女人，會比一個根本沒有目標的女人更有作為。因為，只有找到了綠葉，才能感受到春天的氣息；只有感受到春天的氣息，才能解凍思想的冰河，向成功邁進。

偉大的哲學家伏爾泰曾言：「幸福，是上帝賜予那些心靈自由之人的人生大禮。」這句話足以點醒每一個追求幸福的女人：要做幸福的人，妳首先要當自己思想、行為的主人。換言之，只有清楚自己想要的是什麼，才有可能得到它。

如果妳想像蜜雪兒一樣，不想甘於平庸，想成就一番自己的事業，就必須給自己一個明確的定位，這樣才能調動起自己的智慧，走出成為強者的第一步。但是卻有很多人不清楚這一點。她們迷迷糊糊上了大學，迷迷糊糊地參加了工作，又迷迷糊糊地結婚生子，一輩子在迷迷糊糊當中度過。這樣的生活是永遠無法取得事業成功的。

還有一些女人，她們有理想、有抱負，不甘心將人生埋沒在家庭裡，當出國風光時，就擠破頭也要走出國門鍍點金；當公務員熱興起時，她們又忙著考公務員……這些女人生活得忙忙碌碌，看似充實，實則毫無頭緒。所以，我們需要確立一個明確的目標。在做一件事情的開始，我們不妨先冷靜地問一下自己：我究竟想做什麼？想要的是什麼？

知道自己想要什麼，知道自己該做什麼，甚至能清醒地認識到自己有哪些不足，這是一個女人保持自己風格，並做到卓爾不群的一個很重要的品質。

認識自己，明晰自己想要的是什麼，才能找到生命的意義，抵達成功的彼岸。

全力以赴，做自己認為正確的事

「她每次回家，總是帶回來最好的成績，她總是努力做到最好，而且我不覺得她是在和什麼人較勁，她是在超越自己。」

——蜜雪兒母親瑪麗安

很多人想找一條通往成功的捷徑，當眾裡尋他千百度之後，發現「全力以赴」，才是成大事的要訣之一。

蜜雪兒從小學習成績優異，先後就讀於普林斯頓大學和哈佛大學法學院。畢業後，先是成為了一名出色的律師，後來又成為優秀的管理人員。即便如此，她依然把家庭經營得有聲有色，扶助夫君登上總統寶座，兩個女兒也活潑可愛；她還對時尚頗有心得，成為美國眾多女性心目中的新科「時尚女皇」。

在工作上，蜜雪兒是一個非常勤奮的員工，無論做什麼工作，她都非常嚴格地要求自己，「我得把握住這次機會，我要好好經營它。」她總是這樣告誡自己，並不斷用行動證明自己的能力。

在公共聯盟做執行董事時，蜜雪兒的勤奮與認真讓所有人都不得不佩服她，包括她的上司。「儘管她是在為我工作，」凡妮莎•基爾希說，是她選了蜜雪兒來擔任這份工作，「但我簡直覺得，是我在為她工作。」

為什麼她做得如此優秀？抹去表面絢麗的光環，我們看到的其實是一個普通的女人，只不過她無論做什麼事都做得那麼認真，總是努力做到最好，通常情況下，她都在跟自己較勁。

哈佛有句名言：「投資未來的人是忠於現實的人。」一個人的發展與成長，天賦、環境、機遇、學識等外部因素固然重要，但更重要的是自身的勤奮與努力。

沒有人能隨隨便便成功，痛苦和勞累都是難免的，但只要是在為自己的夢想而努力，那就是一個「痛並快樂著」的過程，那就是一件值得自豪的事。

著名導演張藝謀的成功，在很大程度上是來自於他對電影藝術的誠摯熱愛和忘我投入。正如一位傳記作家所說的那樣：「超常的智慧和敏捷固然是張藝謀成功的主要因素，但驚人的勤奮和刻苦也是他成功的重要條件。」

一九八六年，攝影師出身的張藝謀被吳天明點將出任《老井》一片的男主角。沒有任何表演經驗的張藝謀接到任務，二話不說就搬到農村去了。他剃了光頭，穿上大腰褲，露出了光脊背。在太行山一個偏僻、貧窮的山村裡，他與當地鄉親同吃同住，每天一起上山幹活，一起下溝挑水。

為了使皮膚粗糙、黝黑，他每天中午光著膀子在烈日下曝曬；為了使雙手變得粗糙，每次攝製組開會，他不坐椅子，而是學著農民的樣子蹲在地上，用沙土搓揉手背；為了電影中的兩個短鏡頭，他擔豬食到槽子裡連擔了兩個月；為了影片中那不足一分鐘的背石鏡頭，張藝謀實實在在地背了兩個月的石板，一天三塊，每塊

命運可以把握，
是對自己最好的承諾

一百五十斤。

在拍攝過程中，張藝謀為了達到逼真的視覺效果，真跌真打，主動受罪。在拍「捨身護井」時，他真跳，摔得渾身痠痛；在拍「村落械鬥」時，他真打，打得鼻青臉腫。更有甚者，為了找到垂死前那種奄奄一息的感覺，他硬是三天半滴水未沾，粒米未進，連滾帶爬拍完了全部鏡頭。可見，很多人之所以能夠成功，都是靠著這種全力以赴的勁頭爭取的。

如果我們還在屈服於自己的命運，還在羨慕他人的成功，就需要好好反省自身了。問問自己：「妳真的全力以赴了嗎？」很多時候，妳可能就輸在對事業的態度上。

其實在我們的人生中，有哪一件事是妳不費任何力氣就能做好的？無論是考試、戀愛、經營婚姻，甚至是很小的一件事，妳都需要付出努力，認真地去做，才有可能收穫妳真正想要的。

或許努力了也不一定會成功，但是不努力肯定不會成功，因為即使天上能掉下餡餅，也需要妳伸手去接的。在這個世界上，妳唯一可以等待的只有死亡，其他的都需要妳努力去爭取才能得到。

所以，在羨慕別人成功的時候，我們不妨捫心自問：「我全力以赴了嗎？」

在黑暗中前進，獲得脫胎換骨的成長

「她從來不談論那些，即使寶貝女兒的確感到和其他人有什麼不同，她也從來不會讓這種念頭困擾自己。」

——蜜雪兒母親瑪麗安

普林斯頓大學是一個性別歧視氾濫，充斥著種族主義的地方，在這裡度過的大學四年裡，蜜雪兒感到了前所未有的痛苦，她默默地在心裡埋怨自己的哥哥：當初哥哥為什麼沒有提醒自己的小妹呢?哥哥克雷格則解釋說：「我們把那些看成是妳在這裡必須面對、必須對付的事情，某些事情是妳不得不忍受的。」

抱怨歸抱怨，蜜雪兒並沒有因此而倒下，她用自己的行動告訴我們：每個人在生活中都不可避免地會遭遇到一些不公和挫折，無論什麼時候都不放棄夢想，哪怕是在黑暗中前行。的確，大學四年的痛苦遭遇更加堅定了蜜雪兒的最初夢想：要為她的非洲裔同胞們做點什麼！

作為優等生從普林斯頓畢業後，蜜雪兒做出了人生的另一重要抉擇，如果想為芝加哥的黑人社區做些真正的貢獻，那麼她需要一個法律學位。一九八四年的秋天，她來到了哈佛大學校園所在地——麻塞諸塞州的劍橋鎮，成為了一名哈佛學子。她知道，她一直在向著最終的夢想走近，為迎接最後的成功，她一直在努力。人的一生中，挫折總是不可避免的，但如果換一種思維來看待它的話，那就是：有的時候，我們就是要體會一下粉身碎骨的痛，因為只有經過磨煉，才能認識到什麼路可行，什麼路不能走。也只有在止痛了之後，我們才能夠找到前進的方向，取得脫胎換骨的進步和成長。

有一個女孩從小就「與眾不同」，因為小兒麻痹症，不要說像其他孩子那樣愉快地跳躍奔跑，就連平常走路都做不到。

寸步難行的她非常悲觀和憂鬱，隨著年齡的增長，她的憂鬱和自卑感越來越重，她甚至拒絕所有人的靠近。但也有例外的，鄰居家的殘疾老人是她的好夥伴。老人在一場戰爭中失去了一條胳膊，但他非常樂觀，她也喜歡聽老人講故事。

有一天，她被老人用輪椅推著去附近的一所幼稚園，操場上孩子們動聽的歌聲吸引了他們倆人。當一首歌唱完，老人說道：「讓我們為他們鼓掌吧！」她吃驚地看著老人，問道：「我的胳膊動不了，你只有一條胳膊，怎麼鼓掌啊？」老人對她笑了笑，解開襯衣扣子，露出胸膛，用手掌拍起了胸膛……。

那是一個初春的早晨，風中還有幾分寒意，但她卻突然感覺自己的身體裡湧起一股暖流。老人對她笑了笑，說：「只要努力，一個巴掌也可以拍響。妳一定能站起來的！」那天晚上，她請父親寫了一張紙條貼在牆上：「一個巴掌也能拍響！」從那之後，她開始配合醫生做運動。無論多麼艱難和痛苦，她都咬牙堅持著。她堅持著，相信自己能夠像其他孩子一樣行走、奔跑。

十一歲時，她終於扔掉支架，開始向另一個更高的目標努力著：鍛鍊打籃球和參加田徑運動。一九六〇年，羅馬奧運會女子一百米決賽，當她以十一秒一八第一個衝過終點後，掌聲雷動，人們都站起來為她喝彩，齊聲歡呼著她的名字：「威爾瑪・魯道夫！威爾瑪・魯道夫！」那一屆奧運會上，威爾瑪・魯道夫成為當時世界上跑得最快的女人，她一共摘取了三枚金牌，也是第一位黑人奧運女子百米冠軍。

別以為剩下一隻手就做不成什麼事了，「一個巴掌也能拍響」，一隻巴掌也能給自己鼓掌。和蜜雪兒一樣，威爾瑪・魯道夫心裡很明白：在黑暗中前行，只是為了迎接成功而做的準備！

身處逆境，人們會比平日更能激發出巨大的潛能，因此，妳不必因恐懼逆境和挫折而去當溫室裡的花朵。溫室裡的花朵固然可以安全舒適地生活，但人生不可能一帆風順，一旦逆境來臨，首先被摧毀的就是失去意志力和行動能力的溫室花朵，經常接受磨煉的人才能創造出嶄新的天地，這就是所謂的「置之死地而後生」。其實，每個人的一生都是在失敗與挑戰中度過的。經驗來自於磨難的昇華。生活中最可怕的是不能從逆境中用自己的智慧戰勝它，而永遠被逆境所困。要有足夠的勇氣設法扭轉這個局面，不要逃避，不要拒絕，以此為跳板，這樣才能跳進成功之列。

是的，擁有夢想而又堅強的女人，具有苦難打不彎的脊梁，所以永遠是昂然挺立的姿態。為了自己，做個有夢想而又堅強的女人吧！也許妳的生活之路現在佈滿荊棘，也或許妳的生命之舟開始顛簸搖擺，但是只要妳擁有夢想和堅強，妳就會手持利刃，披荊斬棘，為自己創造出一條更為瑰麗的道路來。

對遠景充滿期待，才能從容面對一切

「她是要用一生去成就大事業的人。」
——蜜雪兒朋友

蜜雪兒從小就很有自己的主見，做任何事情都有自己的判斷。在她十一歲的時候，她放棄離自己家住的公寓只有一個街區之遙的公立高中，選擇了一所在芝加哥城市西環新建的一所私立高中。

因為她要爭取一切可能去接受最好的教育，只有最好的教育才能提供更寬廣的舞臺，真正改變自己的命運，實現自己的夢想。為此，她必須每天很早起床去趕公車，之後再搭進城的火車，一趟通常要花一個小時，有時是兩個小時。為了實現夢想，這點苦對她來說根本算不了什麼，一切都是值得的。

跟她在一起的朋友都知道，她是要用一生去成就大事業的人。來到芝加哥的私立高中之後，蜜雪兒被其他熱忱又友好的優秀學生包圍著，她感覺很好。

美國著名作家杜魯門・卡波特說：「夢是心靈的思想，是我們的祕密真情。」夢想有一種巨大的魔力，能夠不斷召喚著妳前進。因此，無論妳的夢想怎樣模糊，也不管妳的夢想看似多麼的不可思議，只要妳勇敢地聽從夢想的召喚，正視它，並堅持不懈地走下去，就能使夢想變成現實。

是的，當一個人對遠景充滿期待時，無論路多麼坎坷，腳步卻是輕鬆而又從容的。追求夢想的征程中，我們不可能一蹴而就，只要以一種充滿期待的心情去對待它，追求夢想的過程就是充實而有意義的。

有一位中國女孩，剛剛移民到加拿大中部的一個城市，生活中有很多不便之處。在辦理各種居住手續的同時，她每天背著相機跑遍城市的各個角落，拍下幾百張照片。然後，把辦理出國定居的種種細節連同這些照片貼在個人網站上，好讓所有情況類似的朋友不再遇到她所遇到的麻煩。結果一傳十、十傳百，越來越多的人開始造訪這個網站。

後來，她註冊了辰文資訊網 www.cwinnipeg.com。兩年內，她憑藉對這個城市的觀察和資訊收集，以及拍攝到的春夏秋冬不同風情，籌備建成了這個新網站。在網站功能變數名稱中，C是China、Chinese的意思，它的諧音則是See或Take a look，就是希望華人能透過網站更多、更真實地瞭解這個城市，看看這裡的華人生活，知道中華文化在這片土地上的成長發展，與大家分享各種見聞、經驗。

後來，新來的人和國內的準移民越來越多，電話諮詢不斷，她覺得有必要在網上提供更多當地的日常生活資訊，例如餐館、車行、購物等等哪家比較好？租房、買房、買車，該去找誰？她的想法加上同行的技術支援，很快做出了專業水準的網站。目前已經有很多華人和中國商家，透過網站注意到這個城市，她的資訊網功不可沒。

因為最初想要方便別人的想法，這個中國女孩找到了一份最適合自己的工作，在做這件事的開始，她肯定沒有想過把它當成事業來做，她只是耐心而充滿興趣地去做，期待她的努力給更多的人帶去方便。正是這種充滿期待而耐心的努力，最終使她做出了一番事業。

一位著名學者曾經這樣說：「工作不僅是謀生的手段，也是享受生活的一種載體。」每個人的一生都是在工作、學習和生活中度過的，對大多數人來說，工作大概要占據人生三分之一的時間。為妳的夢想而努力工作的過程，最容易折射出一個人的生活態度和思想境界，而這正是人的內在美的一種表現，也是一個人自我價值的實現。

「一個人可以非常清貧、困頓和低微，但是不可以沒有夢想。只要夢想存在一天，就可以改善自己的處境。」這是美國鼎鼎大名的脫口秀女王歐普拉的座右銘之一，也是激勵了無數女性的經典語句。

其實，我們每一個人都一樣，只要敢於掙脫平庸命運的擺弄，大膽追夢，人生將會出現另一種輝煌與多彩。我們每個人都應相信自己，相信我們本身就是夢想大廈的設計師和建築家。

Chapter 2

聰明地去愛，愉悅地享受愛

「我可不是那種只想約會就行的女孩」

「喂，老弟，我可不是那種只想永遠約會就行的女孩，我不是那種人。」

——蜜雪兒・歐巴馬

戀愛初期，蜜雪兒和歐巴馬對婚姻的看法是他們最大的分歧。歐巴馬崇尚自由，覺得婚姻只不過是一個無聊老套的形式；而蜜雪兒的家庭觀念卻很強。

蜜雪兒的父母結婚三十多年一直恩愛，因此她不接受歐巴馬的這種「謬論」。蜜雪兒認為，兩個人在一起就需要組建一個家庭，正正經經地註冊結婚。

就在要不要結婚這個問題上，兩個人爭執了很多次，好幾次都鬧得不歡而散。

後來，蜜雪兒的父親和好友相繼去世，這對蜜雪兒來說無疑是一個很大的刺激，她開始思考人生的問題，更加覺得人生苦短，如果不能和自己所愛的人在一起，將會是一件多麼痛苦的事情。

儘管蜜雪兒相信歐巴馬是一個對感情嚴肅認真而且不懼怕承擔責任的人，但為了保證自己將來的幸福，她不得不對歐巴馬「逼婚」，而歐巴馬老是一口咬定不同意，這讓蜜雪兒覺得分外生氣。

不知道歐巴馬經歷了怎樣的思想轉變，總之他最終放棄了「不婚」的原則，下決心迎娶蜜雪兒，蜜雪兒和歐巴馬的關係終於轉入「柳暗花明又一村」。

多年以後，蜜雪兒對歐巴馬求婚的那一天仍然記憶猶新。蜜雪兒總是甜蜜地回憶說，那一天和別的日子彷佛沒有任何不同。

那天，歐巴馬帶蜜雪兒去了芝加哥一家名叫「戈登」的時尚餐館吃晚飯。就在吃飯時，蜜雪兒還在不停地嘮叨，要歐巴馬早點和她結婚，而歐巴馬還是和以往的態度一樣，不溫不火，對蜜雪兒的要求退避三舍。一頓飯眼看就要不歡而散，這時候服務生端上了甜點。

蜜雪兒說：「我揭開盤子上的蓋子，發現裡面不是甜點，而是擺著一個小盒子。我打開那個盒子，竟然發現裡面盛著閃閃發光的戒指！」

每個女人都渴望婚姻，沒有女人可以絕對免俗完全不奢求「名分」，年輕的時候不著急，等到離三十的關口越來越近，對婚姻的渴望也會加倍。那個不能給妳名分的男人，他會迷戀妳，但多半不能給妳安定感，他能給妳短暫的激情，卻無法給妳終生的歸宿。

女人情感的一生，需要的是責任和安全感。所以，如果妳愛上一個男人，又被對方愛著，那就結婚吧，趁還活著。累了的時候，可以給彼此一個肩膀，感受人間真情的溫暖。

無論什麼時候，婚姻對女人來說，都是非常重要的。婚姻不是愛情的墳墓，它能使愛情得到昇華，是新的愛情之路，讓熱烈的愛情變成細水長流的幸福與心安。

婚姻的形式也讓人更有責任感，讓兩個人用一種除了愛情的情感更緊密地聯繫在一起。不僅如此，婚姻還有它最重要的內涵，那就是，婚姻能促使夫妻雙方得到更好地成長。

所以，一個懂得自愛的女人，一定要為自己的愛情建立一個堅固的小巢，讓愛情有家可歸！

不可輕易被取悅，更不能容忍傻瓜

「他是個迷人、有趣的傢伙，然而他越是努力，她就表現得越發不感興趣，他不得不再加倍努力。」

——蜜雪兒在盛德律師事務所的同事凱利・麥克亞瑟

蜜雪兒十分崇拜自己的父親，父親堅強的形象已經深深地印在了她的腦海裡，她甚至把爸爸當成了選男友的參照標準。

當哥哥嘲笑她是在尋覓一個根本不存在的人的時候，蜜雪兒簡直怒不可遏。她說，她的男朋友要智慧、勤勞，還要充滿陽剛之氣。「在我家裡，是不存在什麼奇蹟的。我所看到的一切，都是努力奮鬥和勇敢犧牲的結果。我的父親從來不抱怨任何事，他只是每天都努力去工作。」這種態度的直接後果就是，蜜雪兒總是「芳心難獵」，從沒真正擁有過長期穩定的男朋友。

當蜜雪兒和她的一個鄰居交往十八個月後，選擇了分手，但對方還是很誠懇地說：「蜜雪兒知道自己想要什麼。她要去上大學，而我並沒有考慮過自己的未來，我不能擋她的路。」

雖然擁有陽光的性格和姣好面容的蜜雪兒，從高中開始就不乏男生的青睞，但是對於那些追求她的男孩子來說，蜜雪兒總是很難被取悅，因為她絕不容忍傻瓜。可以看出，蜜雪兒選男友很有自己的標準，那是個要跟自己生活一輩子的人，她必須自己先把好關。是的，未來的丈夫是和自己扶持一生的人，要想擁有幸福，她必須找一個有「幸福潛質」的人。如果嫁給一個不幸的傻瓜，那麼就要做好餘生都在陰鬱裡度過的準備了。

人的情緒是會傳播的，不幸的是，悲觀的情緒往往比樂觀的情緒傳播得更快，即使妳是個活潑開朗的陽光女孩，也不要去冒這個險，不要幻想有一天他會在妳的感召之下也變成十足的樂天派，反而，妳有被他的悲觀情緒同化的危險。

男人的幸福感，很大程度上取決於他的自卑程度。一個有幸福潛質的人是勇於接受自己現狀並努力做出改變的人，無論自身的處境如何，都會生機勃勃地努力，終究得到了自己滿意的結果。

相反的，有自卑感的男人，即使什麼東西都不缺，也過得不快樂，當然也就不能讓妳感到快樂。

下面列舉的幾種男人通常是自卑指數比較高的男人，女孩在婚前，一定要擦亮慧眼，千萬不要和不幸的傻瓜共度一生。

1.心理扭曲的男人

無論是在大學的校園裡，還是在公司裡，總會有一些出身貧苦的男人惹得女人的幾分注意，因為他們雖然出身不好，卻有幾分相貌，或者有超出常人的才能，所以可以博得涉世未深女人的青睞。這種男人千萬不要招惹，他們從小就受到歧視，體驗過世態炎涼，雖然他們看起來淳樸善良，但是由於長時間的心靈封閉，總有一些心理的扭曲，內心懷有一種莫名的仇恨感。如果和這種男人交往，妳得到最多的是傷害，因為他們從來不會相信有人會無緣無故地對他好，妳對他付出得越多，受到的傷害也就越深。

2.感情路過於坎坷的男人

感情路過於坎坷的男人，由於受過傷害，一般很難再動真感情，此時的婚姻對於他來說，或許更多的是一種形式。嫁給這樣的男人，是不會給妳帶來真正的幸福的。

3.懷才不遇、牢騷滿腹的男人

這樣的男人看似傲氣十足、盛氣凌人，表面看起來很優秀，骨子裡卻是一個不負責任的人。在現實生活中，他們往往高不成低不就，做不出任何成績，總是訴說自己如何懷才不遇，如何壯志難酬。妳若嫁給他之後，除了天天要聽他發牢騷之外，還得一個人獨自擔起養家的責任。

結婚，一定要嫁一個深切關注妳的人

「要是結婚，一定要嫁一個這樣深切關注著我的事情的人。」

——蜜雪兒・歐巴馬

蜜雪兒和歐巴馬談戀愛時，歐巴馬曾經多次帶蜜雪兒回到自己曾經服務的社區，讓她認識自己的工作，同時也借機抒發自己對社會的看法。

歐巴馬還曾約蜜雪兒去參加一個在教會地下室舉辦的社團會議，看著他與那些她早已熟識的人溝通交流，讓蜜雪兒覺得他正在直接和她的內心對話。這聰明的一招，深深打動了蜜雪兒，更讓蜜雪兒覺得歐巴馬是一個善良、有理想而且可以託付的人。她甚至覺得，要是結婚，一定要嫁一個這樣深切關注著我的事情的人。

後來，蜜雪兒應聘芝加哥市長助理，面試還沒結束，面試官賈勒特就決定把市長助理的位子留給這位出色的女子。然而，蜜雪兒提出，能不能先請賈勒特和她以及未婚夫一起共進晚餐，再決定是否接受這份工作。賈勒特雖然對這個特別的要求感到非常驚訝，但還是同意了。

蜜雪兒後來解釋說：「我的未婚夫很想瞭解一下將來要管理我的人，看看我是不是能夠在這個職位上坐穩。」於是，在這次晚餐結束時，賈勒特微笑著問歐巴馬：「我通過考試了嗎？」歐巴馬微笑著回答：「通過了。」

熟悉這對夫婦的人認為，歐巴馬此舉完全是因為他太瞭解蜜雪兒，他深知蜜雪兒過於直率，看到自己認為不對的事情就會毫不客氣地指出來，而這種性格會很難在政府部門生存下來。於是他要幫蜜雪兒「把關」，找一位能夠欣賞她的上司幫她適應政治生活，歐巴馬對蜜雪兒的關愛由此可見一斑。

有人曾說，結婚後，男人是女人的氣候、土壤、環境。男人脾氣暴，整日狂風暴雨，女人一定憔悴無光。一個本來清高的女人越來越惡俗，一定是她的男人層次不高，因為「近墨者黑」。相反的，一個本來很一般的女人，相貌越來越可愛，眼睛越來越靈光，說話越來越文雅，舉手投足越來越有風度，那一定是因為她嫁了一個好男人。

如何借一雙慧眼，看清楚我們未來的結局，選擇一個可以給自己帶來幸福的男人，一個能夠幫助妳實現夢想的男人？對於這個問題，很多過來人給出了她們的經驗。

1.能夠給妳工作和事業提出有效建議的男人

女人也有自己的工作和事業。女人在工作中由於自身的感性因素更容易受傷害。所以，找一個可以為妳分擔工作壓力，為妳排解工作中憂愁的男人會為妳的工作增色不少。

2.把另一半放在與自己平等地位的男人

一個女人，找到一個尊重她的男人，那麼不管在何時何地，他懂得考慮妳的權益，以妳的幸福為前提，他才能給妳安全感，他才不會借愛情和婚姻之名，行剝削和迫害之實。

會尊重，才懂得信任。首先，他必須是一個不重男輕女的人，還必須是一個把妳和他自己放在平等地位的人，他應該認為，妳不比他重要，但也不比他不重要，懂得尊重妳的人生目標，以及生活樂趣，妳快樂，他就會開心；他不開心，不能造成妳不快樂。一個好愛人的基本品性，是尊重對方。

3.心中有家的男人

男人絕對不能沒有事業心，但如果他的事業心太重，他花在家庭和妳身上的心思就會很少，要他陪妳逛街，他說沒意思；要他陪妳看電影，他說沒時間。他事業取得了成功，妳也跟著風光，但那是別人看到的，別人看不到的，是妳在漫漫時光裡的寂寞。太醉心於事業的男人，大多有指揮他人（包括女人）的欲望。和太有事業心的男人相處，最大的傷害是精神方面的。

另外，「有事業心」的男人大多因為過度勞累，身體既處於發展的巔峰狀態，但也面臨最不穩定、最脆弱的狀態，心腦血管等疾病正在一旁虎視眈眈，稍有機會就會乘虛而入。

4.和妳價值觀相近的男人

假如妳是一個一心想出人頭地的人，為了事業的成功可以犧牲時間、精力，甚至友情、善良和正義。如果妳的丈夫和妳一樣，抱著為了成功可以不擇手段的想法，那麼你們就會像一對優秀的合作夥伴，可以每晚都一起「密謀」。

選擇決定命運，所有的結局其實在最初的時候就已經註定了。無論在選擇戀愛的時候，還是在戀愛之中，女人的智商都不能降為零。無論有多麼的狂熱，一定的理性還是需要的。能夠找到一個深切關注著妳的事情的人，一個真正愛妳、尊重妳的人，妳就相當於一隻腳已跨進天堂的門檻了。

女人美在思想，和他在同一水準上對話

「她顯然是他般配的另一半，他需要一個生活中並駕齊驅的夥伴，一個可以和他在同一水準上平等對話的人。」

——歐巴馬夫婦的朋友奧古斯丁‧赫倫

蜜雪兒擁有超人的智慧，思路清晰，講話風趣幽默又直言不諱，出現在人們面前的她總是充滿堅毅而又不失溫柔。不論在生活上還是事業上，蜜雪兒都能和丈夫歐巴馬一起翩翩起舞，踩著和諧曼妙的舞步走向甜蜜的生活和成功的事業。在蜜雪兒於二〇〇八年八月二十五日，美國民主黨全國代表大會上發表精采演講為歐巴馬競選助陣後，歐巴馬於第二天發送電子郵件給他的支持者說：「她昨晚發表的演說是如此精采，我能娶到像她這樣的賢妻良母真是三生有幸。」

這對互相支持的夫妻經常出席對方的活動，在對方組織的集會上演講，邀請對方參與自己的討論，兩人在各自的領域都積聚了很高的人氣，兩人在職業上也非常接近，也能夠互相扶持。

蜜雪兒說：「巴拉克並不需要我來說明他走他自己的路，而我在工作上也不用依賴他」。但事實上，她對歐巴馬的支持卻是有目共睹。可以說，蜜雪兒為了歐巴馬，在自己的事業上也有所犧牲。

更為重要的是，蜜雪兒跟歐巴馬擁有共同的理想，他們都希望透過自己的努力來改善生活環境。蜜雪兒曾經說過：「在回家團聚的時候，我怎麼能自己舒舒服服地開著賓士車，而眼睜睜地看著自己的表兄弟們為了溫飽而奔波呢？」她和丈夫希望能改善非洲裔美國人的生存環境，讓他們的社會地位和生活水準都能逐步提高。他們都希望自己在青少年時遭遇的種族歧視，永遠消失不見。

從小學習成績優異的蜜雪兒，先後就讀於美國頂級名校普林斯頓和哈佛法學院，受的是最精英的教育。畢業後先是成為成功的律師，繼而成為律師事務所的合夥人。她曾經擔任過芝加哥規劃署署長（該署長後任芝加哥市長）助理，還創辦過領導者培訓計畫專案。

在成為丈夫的全職競選顧問前，除在六個機構的理事會擔任職務外，她還是芝加哥大學醫院負責外事的副院長，年薪高達二十一萬兩千美元。可見，蜜雪兒雖不從政，卻也是事業成功的典範，是全美國職業女性看齊的榜樣。

一位知名人士曾說：「『漂亮』一般光是指外貌，我覺得女人的美麗更主要是在思想方面。我曾經問過許多大導演：『你們整天生活在美女堆裡，是不是常常會動感情？』他們就說：『沒有，許多女人只有漂亮的臉蛋，根本無法觸動我們。』所以，一個女人的思想很重要，如果跟不上時代，總以為塗脂抹粉就可以留住男人的心，我覺得那是一種妄想。只有在思想上不斷挑戰他，才會給男人一種新鮮感和刺激感，這非常重要。」

每個女人心中都有過「白馬王子」的夢想，高大帥氣、成熟穩重、深情又專一、有能力又顧家，這樣的男人不知曾多少次出現在女人的夢裡。且不說這樣的男人究竟有多少存在，即使有，也不是平平凡凡的女人都能得到的。說穿了，什麼樣的腳配什麼樣的鞋，什麼樣的女人配什麼樣的男人，如果女人想嫁個優秀的好男人，為自己找個一生的依靠，請別忘記，男人也有大腦，有心有肺，他們會任憑自己的下半生陰晴不定，隨隨便便找一個人就娶了嗎？不會的，他們也會「精挑細選」，再三斟酌，直到碰到了自己想要的那一位，才會安安心心地走進婚姻的殿堂。

有的女人說：「男人總是喜歡漂亮女人，如果妳夠漂亮，那麼他們見到妳就走不開了。」真的是這樣的嗎？問題是，妳漂亮成什麼樣才足夠？即使是性感漂亮的瑪麗蓮·夢露不是照樣被男人辜負？美貌的確能吸引男人的眼光，可是真正能夠拴住男人心的女人，往往不是最漂亮的女人，而是有思想、有智慧的女人。

任何女人從心底，都不只是希望男人的目光能停留在自己身上，更希望能夠得到他們一生一世的愛。為此，光有漂亮的臉蛋是不夠的。

男人，尤其是好男人，實在是太挑剔了，他們見過的好東西太多，所以他們不太願意委屈自己，將就自己。他們在美麗的女人面前停下，然後在視覺疲勞以前，妳必須讓他發現妳的其他方面的優秀之處，才是長久之策。

看男人要看內心，被他的靈魂俘虜

「不要因為一個男人很可愛就選擇他，不要在意他的銀行存摺或者頭銜，要看他的內心，看他的靈魂！」

——蜜雪兒・歐巴馬

一九八九年，歐巴馬遇到了蜜雪兒，就連他們自己都沒想到這場相遇會改變了他們一生的命運，讓他們各自的人生篇章從此有了迴旋一筆。

當時歐巴馬是哈佛大學法律系一年級的學生，他暑假去律師事務所實習。擔任歐巴馬指導老師的，便是比歐巴馬還小三歲的蜜雪兒。當時，歐巴馬被蜜雪兒出色的工作能力和迷人的個人魅力所吸引，一向靦腆內向的，他開始對蜜雪兒展開熱烈的追求。

起初，蜜雪兒對歐巴馬印象並不好，在一起工作之後，歐巴馬卻很快扭轉了蜜雪兒對他的印象。蜜雪兒瞭解到，歐巴馬曾經在公益機構工作，這讓蜜雪兒對他刮目相看。而且，歐巴馬總是帶著陽光般的笑容，談吐也恰如其分，這也很快贏得了蜜雪兒的芳心。蜜雪兒開始覺得，原來歐巴馬和一般人有點不一樣。

蜜雪兒並不看重物質上的享受。在她和歐巴馬相識之時，歐巴馬只是一個窮小子。蜜雪兒看重的是她與歐巴馬之間的感情，這就是浪漫的開始。

蜜雪兒經常談到歐巴馬給她留下的最初印象：「第一次碰到他時，他身無分文，準確地說就是破產了。他從未打算用物質上的奢華打動我。他的衣服品質都滿差，買的第一輛車鏽跡斑斑，前面車門甚至鏽出一個洞了，開車時能看到地面，發動時則抖得厲害。但他鍾愛那輛車。我想，這傢伙可能對賺錢一點都不感興趣。」

重要的是，兩人之間有著很多的共同看法。當蜜雪兒為一件事情發笑的時候，她總是發現歐巴馬也在偷笑著；而歐巴馬如果有什麼看不慣的事情，他也總能發現蜜雪兒對之嗤之以鼻，兩顆心就這樣悄悄地靠在了一起。蜜雪兒後來總是說：「我第一次和他交談，就知道我們倆能成為朋友。」

多年後，身為第一夫人接受感情刊物採訪時，蜜雪兒坦白說，「不要因為一個男人很可愛就選擇他，不要在意他的銀行存摺或者頭銜，要看他的內心，看他的靈魂！」她說，被一個男人「吸引」是容易的，但是被一個男人的力量所「感染」並且覺得幸福與踏實，那才是更可貴的。從那以後，她一直堅定地站在他的左右，方向一致，「比肩攜手」。

由內而外的男性魅力與魄力，並不是每一個女人都懂得欣賞的，蜜雪兒無疑是一位懂得識「白馬」的愛情伯樂。

是的，美好婚姻的第一步，永遠是選擇一個能夠與妳的靈魂互通對話的人，一個本質善良、和妳一樣有夢想有追求的人，一個隨時隨地都能夠與妳聊天的人。與這樣一個人共度一生，才不會虛度光陰，才不會感覺孤獨。

在電視臺節目裡，主持人問著來賓：「都四十歲了，怎麼還沒結婚？」

來賓笑著說：「沒找到合適的。」

主持人：「想找一個什麼樣的對象呢？」

他沉思片刻，說：「就想找一個隨時隨地能和她聊天的人。」

主持人笑了：「這不容易嗎？」

來賓連連搖頭，認真地說：「不容易，不容易。比如你半夜裡想到什麼，你叫她，她說，都幾點啦？我好睏啊，明天再說吧。你立刻就沒興趣了。有些話在有些時候，對有些人，你想一想，就不想說了。找到一個你想跟她說，能跟她說的人，不容易啊。」

兩年後，那位來賓結婚了。婚期定在愚人節，四月一日，一個很奇怪的節日。眾多好友接到邀請還以為他是在開玩笑呢。但是他很認真地說：「四代表死心，一代表一個人。意思是——過了今天後，所有的女性朋友就可以死心了，因為我的心只屬於一個人了。」

是的，一個隨時隨地都能夠與妳聊天的人，才真正能夠與妳靈魂碰撞出理解和幸福的火花，才能夠保持生活每天都不一樣，才能夠陪伴妳度過豐富多彩的一生。

共同的興趣愛好和共同的人生理想，正是這些共同的東西能夠把人世間陌生的兩個人親密地結合在一起。結婚就像人生第二次投胎，能找到一位靈魂相互吸引、交流、以及聊天的知心愛人就是投對了胎。如果在婚姻的漫長歲月中，二人天天相對無語，沒有精神的交流，靈魂的碰撞，那將是一件很鬱悶的事情。

「籃球考驗」——婚姻選票家人投

「他是一個很不錯的傢伙，我希望他能過關。如果他表現出來不夠成熟，那我也不得不把事情真相告訴妹妹。」

——蜜雪兒哥哥克雷格

蜜雪兒在歐巴馬競選總統的過程中發揮的重要作用是毋庸置疑的，其實蜜雪兒為歐巴馬助選，為其做拉票工作，早在他們戀愛的時期便開始了。

如果按照「門當戶對」的標準來看，歐巴馬並不是蜜雪兒的理想伴侶。倆人談戀愛時，蜜雪兒的學歷比歐巴馬高，收入比歐巴馬高，就連她的家庭背景也要比歐巴馬顯赫。

蜜雪兒擔心這段戀情得不到家人的支持，但蜜雪兒很聰明，她為歐巴馬設定了一個「親情戰略」——讓做籃球教練的哥哥「測驗」歐巴馬的籃球水準。

哥哥和歐巴馬玩過了一場球賽後，便對歐巴馬做出了這樣的評價：雖然歐巴馬籃球技術很一般，但是他相當自信。這樣自信的男人自然博得了哥哥的欣賞。基於這樣的好感，蜜雪兒協助歐巴馬在家庭成員中連過數關。

最後，就連蜜雪兒的父母，也對歐巴馬讚不絕口。因此歐巴馬和蜜雪兒最終能步入婚姻的大門，全得益於蜜雪兒為歐巴馬爭取到了難得的家人票。

就這樣，蜜雪兒巧妙地把歐巴馬介紹給了自己的家人。其實，男朋友是否會打籃球，打得好與不好，並不是什麼關鍵問題。透過一場籃球，讓自己的親哥哥把歐巴馬當成了好兄弟才是真正的題中之意。

檢測，不過是個幌子。哥哥都接受歐巴馬，父母自然不會不信任自己的兒女。這種融合關係的做法，的確很聰明。畢竟婚姻幸福與否，除了自己去親身感受外，還需要瞭解自己的家人的看法，使自己有個事先預判。但在生活中，很多人的做法卻不像蜜雪兒這麼明智。

按常理說，人們對於自己沒把握的事情，常常會去請教過來人的經驗。但對於結婚這件關係到一生幸福的事情，卻總有人認為可以自學成才，不顧父母的反對，認為父母的經驗都是偏見，賭氣似的去結婚。

所謂「情人眼裡出西施」，這話對於男人是沒錯，對於女人也是如此。戀愛中的女人，更多了一份感性和任性，一旦愛上一個人，寧願自欺欺人也不願承認自己愛錯了人。

眼裡看到的都是對方最好的一面，即使發現有缺點，也故意縮小直到可以忽略不計，滿心以為自己找到了不錯的歸宿，然而不幸的婚姻卻往往由此開始。

「不識廬山真面目，只緣身在此山中」。在婚姻這件事上，父母比我們更能夠客觀冷靜的思考，他們累積了幾十年的人生經驗，並且充分利用這些經驗來占卜，預測子女的選擇會不會幸福，如果他們覺得不對，就會毫不猶豫地提出反對，即使這樣會遭到子女的誤解、指責甚至冷戰，他們也一樣會這麼做，因為，父母是這個世界上最關心我們幸福的人。所以，當我們對另一半的選擇遭到父母和家人的反對時，不要急著反抗，靜下來想一想，究竟是什麼地方出了問題。

父母的人生閱歷比我們豐富，當我們被愛情迷昏了頭，他們往往能一眼看出兩個人不協調的地方。

多聽聽父母的意見，不要因為任性而盲目地反抗父母的勸告。要知道，不被父母祝福的愛情往往舉步維艱，即使最終獲得了成功，也為之付出了沉重的代價。

從另一個方面說，在結婚這件事上，我們不僅應該而且有義務、有責任聽聽父母的意見。結婚並不只是兩個人的事，而是兩個家庭的事，一紙婚書連結的不只有兩個新人，而是雙方家庭全部成員，首當其衝的就是雙方的父母，就算小倆口如膠似漆，如果翁婿之間、婆媳之間、雙方家長之間不能和睦相處，原本幸福的婚姻也會走向不幸，為自己也為家人，三思而後行。

其實，婚姻從來都不僅僅是兩個人的事。它是女人一生的生態環境，這其中，不僅包括夫妻雙方，也包括雙方的家人。

婚姻是兩個家庭甚至兩個家族的結合，而不僅僅是男女雙方的結合。所以，明智的妳，在選中了妳的白馬王子後，別忘了帶給妳的家人看看，讓他們一起幫妳把關。

Chapter 3

做丈夫的後盾，絕不讓他一個人去戰鬥

每一個高飛的風箏都需要一個站在地上的人

「每個高飛的風箏都需要一個站在地上的人，這個人就是蜜雪兒。」

——阿維絲‧拉威爾，歐巴馬夫婦的朋友

隨著歐巴馬的競選團隊需要蜜雪兒更多地參與競選，蜜雪兒從二〇〇七年上半年起，不得不一再地削減自己的工作量。

《紐約時報》的一篇報導中有這樣一個細節：二〇〇七年春天，蜜雪兒的屬下在她的桌子上發現了一本書，上面寫的全是歐巴馬的各種成就。於是，她的屬下也整理了一份清單，上面開列了蜜雪兒的所有業績。蜜雪兒看到後感動得哭了。

到了那年秋天，蜜雪兒終於徹底地辭去工作——芝加哥醫院負責外事的副院長，一個年薪超過二十七萬美元的「肥差」。相比之下，丈夫當聯邦參議員時的薪水只有十五萬七千美元。

瞭解她的人都知道，蜜雪兒是一個事業心極強的女人。對蜜雪兒來說，放棄自己的事業，無疑是一個艱難的抉擇。對蜜雪兒辭去高薪的職務，母親瑪麗安・羅賓遜不禁替她惋惜。她說：「蜜雪兒曾經工作得那麼努力，好不容易才得到現在的位置。」然而，當蜜雪兒決定辭職時，她已經非常坦然。因為她明白，每一個高飛的風箏都需要一個站在地上的人，如果想讓自己的丈夫成為那只高飛的風箏，就必須犧牲自己的職業生涯。

歐巴馬曾總結說，他自己最大的優點和弱點之一，便是他希望能同時扮演好多個角色——政治家、丈夫、父親和作家。他說，「我希望有時間同孩子一起讀書、游泳，同時又不會讓選民失望，我希望每一樣事都做得很好。這種個性有時候會讓我陷入麻煩，這是我的一個大缺點。」然而，歐巴馬從未認真地試圖改掉這個缺點。

結果，是蜜雪兒發現她自己不可能同時做所有的事情。

沒錯，蜜雪兒熱愛自己的工作，但家庭卻是最重要的。在一次與女性選民的見面會上，蜜雪兒告訴這些女性，她為了幫丈夫競選而辭去工作。聽到蜜雪兒這樣說，台下的支持者一陣唏噓。而蜜雪兒攤開雙手，聳聳肩笑著說，她對此並不感到難過。在都市生活中，所有夫妻都會面臨一個問題。究竟誰該為對方事業提供更多的支持？特別對於兩人教育程度平分秋色，都從哈佛大學法學院拿到了博士學位的歐巴馬夫婦而言，這就更是一道不易得出答案的選題。雖說一開始，歐巴馬競選國會議員時候，蜜雪兒充滿了抱怨。但是隨著兩人的不斷磨合，蜜雪兒發生了改變，為了成就丈夫入主白宮的夢想，她甘願放棄了自己的職業夢想，辭去在芝加哥醫院的高薪管理工作，並承擔起整個家庭的重擔。在歐巴馬競選總統期間，她一直都是以賢內助的面貌出現在公眾面前。這樣的經歷與故事，讓歐巴馬夫婦一時間成為了令美國人為之喜悅、著迷並爭相效仿的美滿婚姻案例。

女人要更多負責家庭實際瑣事，甚至還要為男人犧牲事業，這種選擇也許對女人並不公平，但是這真的是現在社會結構下，讓家庭更穩定的必然做法。畢竟，每個女人在希望自己有事業的同時，也更希望自己的丈夫成為一個偉大的人。

作為一個妻子，如果妳有自己的工作或職業，但放棄它可以帶給妳丈夫更多好處，妳願意放棄這個工作或職業嗎？估計大多數的女人都會給出肯定的答案，因為幫助丈夫獲得成功，本身就是一個需要奉獻精神的工作。除非妳相信幫助丈夫是一件非常重要、必須付出妳所有注意力的事，否則妳是沒有辦法全心幫助妳丈夫的。

以下是個可愛女人的真實故事，她本來認為自己的職業比較重要，直到後來有件事情改變了她的想法。

美麗、金髮碧眼的彩黛・威爾斯，是著名探險家卡維士・威爾斯的太太，當她認識未來的丈夫的時候，自己已經擁有了非常不錯的職業。

婚後她漸漸瞭解到，身為卡維士・威爾斯的妻子，要比在自己的工作上所可能得到的任何程度的成功，都更有價值。於是，彩黛辭去了原來的工作。她現在有充足的時間跟著她的丈夫到地球最遠的一端去探險了。

彩黛•威爾斯說：「原先我認為，擁有自己的事業是最重要的，我很奇怪自己早先怎麼會那麼孩子氣。和我與卡維士共同的這些豐富經驗比起來，我自己的生活是多麼的乏味和狹小啊！現在，我會把我的興趣和他的合併起來，與他共享勝利和成功，每當失望或遇到麻煩的時候，我們就一起面對、解決。」

「我想，我所曾經接受過的最大嘉勉，就是卡維士在他那本《卡普特》書上所寫給我的獻詞：『獻給我最好的朋友——我的妻子，彩黛。』從沒有誰給我的讚賞像我丈夫給我的愛的獻語那樣，使我感到這麼大的成功和滿足。」

男人是天，女人是地。天若塌了，地將暗淡無光；地若陷了，天將失去生機，失去依託，不復存在。賢內助女人就是支撐丈夫事業藍天的大地。工作繁忙的男人，常常會因為太專心於工作而沒有辦法建立增進生活情趣的、溫暖的人際關係。如果他有個堪稱「賢內助」的好妻子，無論走到哪裡都能製造出一種溫暖人的氣氛，那麼，他將是多麼的幸運。像這樣的一個女人，在丈夫事業向前邁進的時候，永遠也不會被遺落在背後的。

「比肩攜手」比「面對面擁抱」走得更遠

「巴拉克和我是互補的——作為伴侶，作為摯友，作為愛人。」

——蜜雪兒・歐巴馬

蜜雪兒和歐巴馬結婚當天，蜜雪兒身穿一件白色的露肩禮服，十足漂亮的新娘；而在歐巴馬的家人中，則有不少人穿著傳統的非洲服裝，整個結婚典禮看來就像是文化融合的象徵。事實上，和蜜雪兒結婚給歐巴馬帶來的不僅僅是一個賢慧漂亮的妻子，甚至對他的政治生涯也產生了影響。

歐巴馬從事社區工作時的上司傑拉德・凱爾曼說，歐巴馬在黑人社區裡的影響力是非凡的，而這份影響力中也有蜜雪兒的功勞。

從歐巴馬的血統來說，他並不是一個純粹的黑人，而他卻和蜜雪兒這樣一個非洲裔的黑人姑娘結婚，這令不少社區的人覺得歐巴馬「是我們的一員」。而蜜雪兒的美麗和聰慧也給社區裡的人留下了良好的印象。一名社區的黑人女孩曾經寫道，她覺得，「美麗的蜜雪兒有著透過奮鬥獲得美好生活的能力，讓我們這些覺得自己不漂亮、不值得人注意和被愛的黑皮膚女孩覺得有希望」。

還有政治分析人士指出，正是因為和蜜雪兒結了婚，才讓歐巴馬在黑人社區中確立了他的形象，增加了他的號召力，使得歐巴馬能夠以一個領導者的身分走上了最初的從政之路。

在芝加哥市政府工作的日子，也為蜜雪兒累積了很多重要的人脈。從在那裡開始工作的第一天起，她就被看成是個年輕的領導型人物。

她聰慧美麗，很快就被政界的社交圈接納了。在這個社交圈裡的女性彼此聯繫非常緊密，經常會相約一起逛街，甚至深夜電話切磋廚藝。這個社交圈在二〇〇八年歐巴馬大選時發揮了很大的作用。

在競選初期，與其他幾名參選人的配偶比起來，蜜雪兒對於丈夫歐巴馬的競選活動沒有起到多大的作用，甚至還為歐巴馬帶來了些許小小的麻煩。但隨著競選進程的展開，蜜雪兒似乎慢慢找到了感覺。抑或是她原本就擁有成為一名「競選高手」的潛質，歐巴馬陣營的任何一個競選策略似乎都少不了她的參與，一向對時尚和著裝頗有興趣的她，也親自包辦了丈夫的形象設計。

每個女人都想嫁一個事業有成的男人的心，或者是退而求其次，嫁一個「潛力股」的男人。在滿懷期待地步入了婚姻生活之後，便一心一意地盼望著老公的事業步步高升，於是，男人背負家庭的重擔和妻子的盼望艱辛地努力著。但蜜雪兒告訴我們，「比肩攜手」比「面對面擁抱」走得更遠。

女人與其讓丈夫一個人辛苦地奮鬥，不如做丈夫最強大的盟友，從情感生活和事業上多加照顧，與他一起奮鬥，共同分擔。在這方面，才女林徽因也是很好的榜樣。

林徽因和梁思成是在情感上相濡以沫、事業上相互扶持的一對。林徽因是一個才女，也是一個賢慧的妻子。她德才兼備，不但照顧家庭和丈夫，無微不至地照顧丈夫和孩子，還與梁思成一起，為他的事業奔波忙碌。

二人同時應聘到「中國營造學社」任職，從事中國古代建築的研究。梁思成注重對照古建築進行實證考察。他以清代的《工程做法則例》為教科書，向兩位一輩子在故宮做建築維修的老匠學習，再參照實物，開始了對古代建築的解析和研究。林徽因協助他搜集資料、繪圖攝影、研究歷史典籍、製作整理卡片。在林徽因的支持與幫助下，僅用了很短的時間，梁思成的兩部專著就寫好了。梁思成怎能不感動呢？

對這樣一位賢內助，他用自己著作中序言的一段話表達對妻子的尊重與感謝：「內子林徽因在本書中為我分擔的工作，除緒論外，自開始至脫稿以後數次的增修刪改，在照片之攝製及選擇，圖版之分配上，最後更精心校讀增削，我實指不出分工區域。所以至少說她便是這書一半的著者才對。」

有人說，一個成功的男人，後面必有為其做出奉獻和犧牲的女人；一個男人的一次傑作，必有聰明女人的汗水在裡面，這話說得很有道理。優秀的現代女性往往能夠根據自己的能力來協調事業與婚姻之間的關係，調節自己在不同時間、不同場合的不同身分與角色。不斷加強與丈夫的情感交流，並能夠在關鍵時刻，成為丈夫的盟友。

為他勇敢地站出來，與丈夫一唱一和

「如果我十歲，那麼蜜雪兒就是十一歲，她是我的『共謀者』」。

——巴拉克・歐巴馬

與歐巴馬的競爭對手——約翰・麥凱恩的妻子辛蒂不同，蜜雪兒不會在公眾面前保持沉默，而是勇敢地站到台前，為了丈夫的競選而在全國奔走，為他做助選演說。

蜜雪兒是個極富感召力的演講者，在數次登上演講舞臺時，哈佛法學院走出來的蜜雪兒並沒有空洞、教條地談理論，一切宏大的命題在她那裡都是普通民眾的柴米油鹽、家長里短，但正是這樣的出發點，讓所有與他們一樣懷抱美國夢的人把票投給了他們。也正是這樣一個家庭主婦的魅力，讓「Yes，we can」最終成為了家喻戶曉的口號。

她也從不長篇大論，而是從自己的家庭講起，說起賦予她生命和堅韌性格的父親，給她關愛和恆久支持的母親；說起自己的心頭肉——兩個寶貝女兒；還有她深愛並且深信可以改變美國的丈夫。

她會真誠地講起自己和歐巴馬共同的理想——變革，她以自己為例，講述美國夢，還有尋夢的艱辛。蜜雪兒的真誠感動了很多人，他們為了這樣一個妻子，給她的丈夫投出了自己手中的選票。

在歐巴馬的競選過程中，蜜雪兒一直陪伴在他左右。一方面，她要照顧好兩個女兒的生活，另一方面，還要幫助丈夫競選，不扯丈夫後腿。二〇〇六年下半年，顧問團隊召開了多次競選戰略討論會，蜜雪兒無一缺席，並最終在她的首肯下，通過了一項具體的競選計畫。在這之後，幾乎所有和競選相關的戰略決策都有蜜雪兒的參與，而且蜜雪兒往往有著非常重要的作用，使她成為維護歐巴馬形象的關鍵人物。

當歐巴馬競選總統之時，英國《衛報》甚至不吝惜用「白宮歷史上最浪漫風趣的第一家庭」來形容這一對即將入主白宮的伉儷。

在漫長的美國大選中，蜜雪兒無疑是歐巴馬陣營最奪人目光的亮點之一。她和歐巴馬在競選舞臺上的「一唱一和」，處處向外界展示了美國白宮歷史上最浪漫，最幽默輕鬆，最齊心協力的第一家庭。

據媒體介紹，蜜雪兒是個很有條理的女人，同時又十分堅定，一旦下定決心，便堅決按計劃執行。她開列的一份家庭事務清單最能證明她的性格。在這份清單上，什麼時間該做什麼事情寫得一清二楚，就連兩個女兒玩耍的時間都有嚴格的規定。

幸福的婚姻是有兩個人共同打造的，無論是家庭生活還是工作事業，都需要兩個人一起奮鬥，互相扶持，互相安慰，只有得到彼此的支持，才不會感覺是一個人在奮鬥，才不會覺得奮鬥的孤獨。

我們來看這樣一個事例：

柯門太太是一名護士，當她在一九三六年嫁給比爾‧柯門的時候，比爾白天工作，晚上到夜間部上課，以便取得高中的畢業證書。

為了使比爾不至於放棄夜間部的學業，柯門太太婚後仍然繼續做護士。她很希望丈夫保持不缺課的紀錄，所以在她生下小女兒的那個晚上，她仍然堅持丈夫在送她到醫院以後趕去上課。在六年中，比爾從沒有錯過夜間部的一堂課。他終於在母親、妻子和女兒驕傲的注視中，得到了他的畢業證書。

在比爾得到了示範推銷不銹鋼廚具的工作以後，他的妻子海倫就充當他的助手。他們在一起舉辦示範餐會，由海倫做菜，而且由比爾推銷。

後來比爾的父親去世了，比爾的兄弟得到一家印刷廠，比爾和海倫便從比爾的兄弟那兒買下了這家印刷廠。這時候，他們必須向銀行借一筆錢。於是海倫又去當護士，幫助償還這筆債款，而每個晚上和週末，她都在印刷廠裡當他的助手。

「我很高興，」她寫道，「如果我們能夠繼續健康地工作，五年以內，我們將可以付清我們房子和生意上的債款。然後我將辭掉工作，為比爾和孩子們做好家務。」

很多時候，當丈夫在為事業拼搏的時候，他最希望的就是身邊能有妻子的陪伴。作為妻子，幫助丈夫獲得成功，時刻陪伴在丈夫的身邊，還有什麼比這更能贏的丈夫的心呢？可以說，妻子完全能夠造就出一個成功的丈夫，或者是造就出一個她希望將會成功的丈夫。但是，首先需要雙方擁有足夠的愛心、敏感和合適的時機。作為一對伴侶，應該有能夠貢獻的、最值得嚮往的共同歡笑的能力。男人打拼需要女人的陪伴，相愛的兩個人，應該是並肩戰鬥的。

幸福的婚姻是，無論福禍，都要與自己的另一半共同分享和承受。只有兩個人並肩戰鬥，婚姻才能長久保持穩固。

成為丈夫的「另一雙耳朵」和顧問

「她總是直言相告，她能夠坦誠地告訴我許多別人也許不敢告訴我的東西。」

——巴拉克・歐巴馬

歐巴馬競選總統期間，蜜雪兒與歐巴馬一起馬不停蹄地旅行，在愛荷華州宣傳的初期，她還代替丈夫出席各種活動。

在決定支持丈夫參加總統競選以前，她還成功組織了一系列與歐巴馬具有密切關係顧問之間的討論，以確信他們的競選活動能夠順利進行，並且受人歡迎。漸漸地，越來越多的選民開始認識，並喜歡上這個原本陌生但又親切隨和、絕不矯揉造作的女性，她的身邊甚至開始聚集起一批支持者。蜜雪兒的發言人曾說過，她是自己丈夫的「另一雙耳朵」，可以幫助他聽到更多選民的心聲，並將其傳達給歐巴馬。

直言不諱、意志堅定、幽默風趣、偶爾言語諷刺——這是蜜雪兒透過一次次地公開露面展示在公眾面前的形象。所有人都已經慢慢意識到，這個女人在她丈夫的總統競選活動中所扮演的絕不是可有可無的角色，而是具有舉足輕重的地位。

蜜雪兒在歐巴馬的競選團隊中保持著一個恰如旁觀者的清醒，在不利的局勢中既能穩定軍心，也能提醒團隊成員保持清醒的頭腦，是丈夫背後最信任的顧問。

世上平凡的家庭不計其數。即使是再平凡不過的丈夫也希望自己有一天能出人頭地，風光一世。可以說能成功的丈夫畢竟是少數，政府要員、外交官、尖端科研工作者、著名作家、詩人、名演員、歌星等都是不平凡的人。然而，他們仍然是人，而且比一般人更多一份情感與追求。他們也需要有個溫暖的家，有個給自己當參謀、出點子的妻子。

那麼，女人應怎樣從背後支持男人當好丈夫的顧問呢？

1.分析他的工作，適當的時候給他出點子，想主意。

2.他或許並不需要妳插手他的事情，但他卻需要妳理解他所做的一切。理解，在夫妻之間是比什麼東西都要珍貴的禮品，唯有理解才能適應。

3.做他事業上的忠實信徒，相信他一定會取得成功。在他順利或受挫時都應如此。

4.不斷鼓勵他，讓他成為理想中的他。多一些愛，多一些支持，多一些信心，幫妳的丈夫找到比別人更美麗、更寬廣的路。

5.希望自己成功的人一般都有很強的自尊心。一旦遇到失敗，他們會變得像孩子一樣，心靈非常脆弱。做妻子的妳，應當知道這種時刻妳是他最大的精神支柱，妳的一言一行、一舉一動都將會對他產生巨大的影響。妳此時應當像一個「慈母」，給「孩子」重新振作的信心和力量。

6.多做一些小的犧牲，多承擔一些家務。在某些關鍵時刻妳既是他的妻子，同時還是他的同僚、祕書與高級顧問。

7.學會自己支配時間，盡可能多地學習、掌握一些與丈夫事業有關的知識。學會用其他活動安排自己的業餘時間，消除孤獨與寂寞感。

8.目光要放遠一些，不要因眼前利益責怪丈夫。應切記，丈夫的成功就是妳的成功。丈夫揚名時，也是妳光彩照人之際。

蜜雪兒告訴我們，一個女人，無論在家庭還是事業中，應始終站在丈夫的身邊，用自己聰明的謀略，幫助丈夫解決困難，為丈夫出主意，讓他出頭露面，享受成功的榮耀。這樣的女人不僅會使男人心服口服，而且也容易拴住一個男人的心。

少唱反調，讓他去做他想做的事

「迴盪在我腦海中她的聲音，是我作出決定的動力。」

——巴拉克・歐巴馬

二〇〇四年，歐巴馬宣佈競選國會參議員。儘管歐巴馬是名校畢業，工作經驗也不少，而且充滿熱情智慧，但是他在政壇上只打拼過六年，此前只是當過伊利諾州的州參議員，也沒有在政府部門擔任過任何公職，和許多在政壇摸爬滾打多年的人相比，歐巴馬還只是一個初出茅廬的年輕人。再加上歐巴馬既不是家財萬貫——他只是一個白手起家的律師，也沒有龐大的財團支持，而參選的費用著實不菲。因此，歐巴馬十分擔心蜜雪兒會反對他現在參選國會議員。

歐巴馬最後決定參選後才向蜜雪兒通報，對蜜雪兒來個先斬後奏。他忐忑不安地等待著蜜雪兒的回答，小心地觀察蜜雪兒臉上的表情，生怕看到不滿和反對的神色。但他沒有想到的是，蜜雪兒先是直直地看著他的眼睛，隨後給了他一個大大的擁抱，輕鬆地對他說道：「夥計，你可別太緊張了！」這句話讓夫妻倆一起大笑起來。

得到蜜雪兒的支持，歐巴馬便可以放開手腳去做了。在參加完歐巴馬的競選會議後，蜜雪兒最終對歐巴馬的參選計畫亮了綠燈，並且從此全身心地投入到各種助選活動中去，為歐巴馬的最終獲勝立下了汗馬功勞。歐巴馬稱愛妻為自己的「基石」。

有了家庭作為後盾，歐巴馬參選的決心更加堅定。然而，如同很多人預料到的，歐巴馬的參選之路走得分外艱難，參選的經費首先是個大問題。歐巴馬名氣不大，幾乎沒有人知道他是誰，籌款的難度可想而知。他自己也沒有什麼豐厚的財產，很難拿出大筆資金用來競選。這時候，蜜雪兒再一次展現出難能可貴的寬容——她同意將家中的住宅抵押給銀行，為歐巴馬換取競選資金，這更是令歐巴馬深為感動。在蜜雪兒的鼓勵下，歐巴馬順利地當選了美國民主黨全國參議員。

如果沒有蜜雪兒的全力支持，歐巴馬的參選之路肯定不會走得這麼順利。毫無疑問，蜜雪兒是一個很稱職的妻子，她告訴女人們：如果希望自己的丈夫能在他們所熱愛的事業上獲得成功，就應該鼓勵他們大膽地去嘗試每一個可能的機會，同時自己也做好承擔風險和克服困難與挫折的準備。

卡耐基夫人曾講過這樣一個故事：

我的祖父勞勃特森從小在堪薩斯州的農莊長大。他一直渴望著能移居到印第安・泰里特利去，以便自己在這個邊界殖民區裡能夠做出一番事業來。當他的妻子哈麗特瞭解了他的這個想法後，她沒說一句反對的話就將他們的行李整理好，然後便帶著孩子們往未知的前途快樂地出發了。

後來他們在錫馬龍的河岸邊定居下來，不久後，他又借了點錢在這個小村開了一家小店，那個地方就是現在的奧克拉荷馬州的杜爾沙市。

當時，我的祖母哈麗特的日子過得十分艱苦，她要照顧九個小孩，自己身體也不太好，而且生活條件十分惡劣，但她從不抱怨。艱辛的日子、債務、嚴寒的冬天和酷熱的夏天，這就是他們生活的全部寫照了。但在當時，以邊疆的生活水準來說，勞勃特森後來算是取得成功了。他的妻子哈麗特活著時終於看到她的丈夫變成了一個成功的、受人敬重的居民，她的兒女們也都有了幸福的歸宿，而印第安・泰里特利後來也成為聯邦政府的一個州。

可以這麼說，聯邦政府這些州的發展，都離不開像我祖父這樣的男人勇於開拓新天地以擴展疆界，更重要的是，有了他們那些勇敢的妻子，就像哈麗特，他們敢於去嘗試新機會。當他們朝西部進發的時候，難道不留戀自己溫暖舒適的家？難道他們也從不後悔離開了朋友、雙親、財富以及一向安逸舒心的生活？如果他們從沒有後悔的念頭，他們就是太沒有人性了。

男人都有冒險的天性，作為女人要相信丈夫，而且相信他們自己的雙手和努力，即使她們面臨著危險、困苦、疾病和死亡。但是，拓荒的女人們仍然願意堅定地跟隨自己的丈夫來到這片荒涼地區，並寫下了美國歷史上光輝的一頁。他們留給自己的兒女一筆巨大的遺產，包括土地、城市、遼闊的大地，以及一種不屈不撓的勇氣和無法動搖的信念。

一個妻子必須具有拓荒前輩的那些精神，放手讓自己的丈夫去做他喜歡的任何事情，哪怕他的做法非常冒險。即便遭到挫折，也應該深信丈夫，而且不遺餘力地支持他，這樣丈夫一定會成功。一個具有進取心和創造心的人，能夠拋棄原有的安定的人，絕不會因為其他的原因而撤退。

Chapter 4

馭心有術，讓男人不忘回家的路

不怕緋聞侵擾，忠誠是婚姻最好的保險

「我無法控制別人的行為，我並不擔心一些女人對我的丈夫感興趣。只要我們之間的忠誠還在，如果有人能夠插入我們中間，也許我們從一開始就根本就不會走在一起。」

——蜜雪兒・歐巴馬

作為政治舞臺上的風雲人物，蜜雪兒和歐巴馬的婚姻也被置於輿論的風口浪尖，不管是捕風捉影的緋聞，還是空穴來風的誹謗，都可以輕而易舉的摧毀婚姻的城堡。然而，蜜雪兒夫婦的愛情是堅不可摧的，因為捍衛他們婚姻城堡的是更為牢固的壁壘——信任！

歐巴馬宣佈參選後，蜜雪兒曾經參加過一個電視節目。在採訪中，主持人甚至直接問她，歐巴馬面臨的誘惑她怎麼辦？蜜雪兒自信地笑了，她說：「男人面臨誘惑是很正常的，我不能控制別人的行為，我也不操心那些我不能施加影響的事情。夫妻間的忠誠是我和巴拉克之間的事情，如果有人能夠插入我們中間，也許我們從開始就根本就不會走在一起。」這就是蜜雪兒，她掌控著自己的一切，也成功地經營著自己的婚姻。這段的婚姻讓歐巴馬和蜜雪兒之間達到了「雙贏」。

年輕英俊的歐巴馬意氣風發、充滿了男性魅力，但對於婚姻也十分忠誠。一次聚會上，一位年輕漂亮的女子當著蜜雪兒的面，公開向歐巴馬示好說：「總統先生，我是您的忠實粉絲，我非常喜歡您。您一定也很喜歡我吧？我可比她（指蜜雪兒）漂亮迷人多了。」蜜雪兒不發一語，將難題拋給了歐巴馬。歐巴馬風度翩翩地微笑回答道：「感謝妳這麼喜歡我，但我是屬於蜜雪兒的。」歐巴馬的愛情，因此成為經典。

其實早在宣佈參選總統的時候，歐巴馬就曾經表示，如果他的競選會影響到自己的家庭，那麼他無論如何都不會選擇參選。歐巴馬披掛上陣並最終贏得競選，可以說，蜜雪兒的支持是功不可沒的。由此也可看出，歐巴馬對婚姻和家庭的忠誠與珍視，他和蜜雪兒十幾年如一日的恩愛也被媒體描繪成為一張標籤。

信任和猜疑，一個是太陽，一個是月亮，再沒有比這能決定婚姻生活的明暗了。猜疑是幸福婚姻的大忌，是扼殺婚姻的幽靈。疑人不嫁，嫁人不疑，既是對婚姻充滿自信的表現，也是夫妻雙方平等相待的表現。

信任是婚姻大廈的基石，倘若彼此喪失了信任感，充滿了猜測和懷疑，那恐怕總有一天會走到「婚昏欲碎」的地步了。

萊哈特的巨著《拿破崙三世與尤琴：一個帝國的悲喜劇》講述了一個被猜疑刺痛的婚姻故事：

一百多年前，巨人拿破崙的侄子拿破崙三世，愛上了全世界最美麗的女人——特巴女伯爵馬利亞•尤琴，並且和她結了婚。他們擁有財富、健康、權力、名聲、愛情、尊敬。他的愛情從未像這一次燃燒得這麼旺盛、狂熱。

不過，這樣的聖火很快就變得搖曳不定。拿破崙三世可以使尤琴成為一位皇后，但無法阻止這位法西蘭女人的猜疑和嫉妒。

她具有強烈的嫉妒心理，竟然藐視他的命令，甚至不給他一點私人的時間。當他處理國家大事的時候，她竟然衝入他的辦公室；當他討論最重要的事務時，她卻干擾不休。

她不讓他單獨一個人坐在辦公室裡，總是擔心他會跟其他女人親熱。她常常跑到她姐姐那裡，數落他的不好。她會不顧一切地衝到他的書房，不停地大聲辱罵他。拿破崙三世雖然身為法國皇帝，擁有十幾處華麗的皇宮，卻找不到一個安靜的地方。

書中這樣寫道：「於是，拿破崙三世常常在夜間，從一處小側門溜出去，頭上的軟帽蓋著眼睛，在他的一位親信陪同之下，真的去找一位等待著他的美麗女子，再不然就出去看看巴黎這座古城，放鬆一下自己經常受壓抑的心情。」

的確，尤琴是坐在法國皇后的寶座上，也是世界上最美麗的女人。但在猜疑和嫉妒的毒害之下，她的尊貴和美麗，並不能保住她那甜蜜的愛情。

列寧在和克魯普斯卡婭結婚時，雙方訂立了一個「公約」：「互不盤問，絕不隱瞞。」這兩項條約訂得好！「互不盤問」表示夫妻雙方的相互信任；「絕不隱瞞」表示夫妻雙方的相互忠實。兩者結合起來，就組成了一種比較和諧的夫妻關係。「互不盤問」也表示了對於對方人格的尊重，「絕不隱瞞」則表示了自己要值得對方尊重。信任是愛情的前提，兩個人在一起，如果每天都在猜疑對方在做什麼，是不是做了對不起自己的事情，這樣的愛情終歸會變成人生的包袱，失去了原來的樂趣。

所以，對待愛情，聰明的女人要保持一顆豁達的心，給對方一份自己的空間，也要給他營造一個信任的天堂。

女人要讓男人有那麼一點微妙的恐懼

「不不不，我才不會出軌。蜜雪兒會幹掉我。」
——巴拉克・歐巴馬

在歐巴馬和蜜雪兒的婚姻生活中，從來沒有冒出過第三者，兩人之間深厚的愛意也是大眾有目共睹。

前些年，歐巴馬曾經去一個朋友那裡打撲克牌，當他發現一些已經結婚的朋友竟然帶著情人出席時，感到十分的不自在，甚至覺得有些不可思議。有人說，長期的家庭生活早就讓歐巴馬習慣了蜜雪兒的存在，甚至有點依戀這個頗有幾分強悍的女人。

一個朋友說：「歐巴馬知道，如果他不檢點，做出這樣的事情，她一定會離開他，而這令他感到害怕。」而歐巴馬也當著朋友承認說：「騙她？不行，不行，蜜雪兒會一腳把我踢走的。」

蜜雪兒的強硬個性對歐巴馬的影響很大，而歐巴馬對老婆也向來言聽計從。歐巴馬曾經動情地說道：「蜜雪兒有否決我的權力，如果她反對我參選，那麼我將退出競選。」

不久前，歐巴馬向《新聞週刊》描述了其當時向蜜雪兒詢問參選意見的場景。他說：「當我將參選的消息告訴她的時候，她下意識地說了『不』」。原來，蜜雪兒是擔心歐巴馬的非洲裔身分受到攻擊，擔心白人極端分子會傷及歐巴馬的生命。這也是歐巴馬在競選活動的最開始就雇傭了私人保鏢的原因。

不過，最終歐巴馬夫婦倆達成君子協定：若歐巴馬參加總統競選，他必須答應蜜雪兒徹底戒菸。後來，在被問到歐巴馬的身上是否還隨身帶有菸盒時，蜜雪兒的哥哥克雷格調侃地說道：「現在，蜜雪兒就是歐巴馬的菸盒！」

歐巴馬也從來不曾輕視蜜雪兒。這從他和蜜雪兒的身高比上就能看出來。作為來自美國南方的黑人女孩，蜜雪兒身高達到一百八十公分，比許多男性都高出一截。儘管歐巴馬也身材高大，但他第一次見到蜜雪兒的時候還是吃了一驚：「這個女孩太高了，她穿上有跟的鞋幾乎能和我看齊。」兩人的身高相差無幾，似乎能說明蜜雪兒在歐巴馬心目中的地位，也是一樣比別人「高出一個頭」，讓他從心底裡不敢輕視這個高個子女子。

果斷、自信、堅毅是蜜雪兒的魅力所在，也是吸引丈夫、助夫成功的重要原因，同時也在無形當中形成了一種威懾力，使得丈夫尊重並考慮妻子對家庭和自己事業提出的意見和建議。

蜜雪兒在歐巴馬心中的重要地位告訴我們：女人要讓男人有那麼一點微妙的恐懼才能讓他發現自己的價值，讓他離不開妳並且得到他的尊重與珍惜。

無論小說裡、電視上還是現實生活中，都有這樣一群女人，她們盡職盡責，打理家務，照顧家人，她們為了丈夫和家庭放棄了事業、犧牲了業餘愛好，可是到頭來卻培養出來一個花心的老公，培養出來一個不願回家的男人。

面對這樣的結果，她們沮喪，也感到傷心和無力，但是她們就是不懂，為什麼男人或如此的負心？她已經竭盡了全力，可是他為什麼就不知道滿足呢？其實，這個答案很簡單，就是這些女人都太好了，她們的完美付出，成為了培養花心男人的溫床。所以，聰明的女人，應該「壞」一點，經常耍一點小心計，讓男人有那麼一點微妙的恐懼，讓他離不開妳。

1.做他的生活管家

妳經常聽到他對叫喚：「親愛的，我的襪子去哪裡了？」「我的那件藍色襯衣呢？」「我的游泳褲呢？」「我的車鑰匙呢？」只要妳一不在他身邊，他就遠離了稱心如意的生活，生活得狼狽不堪。這時，他明明白白的知道：他的小窩缺不了妳這個女主人。

2.成為他的形象顧問

男人都是愛面子的動物，儘管很多時候他們都對自己的外表打扮隨意得很，但是他們也希望自己能穿戴得意氣風發。這時，如果出現一個小女人，對他從頭到腳進行一番細心的裝扮，打造出一個瀟灑氣派的美男子，他的心裡已經為妳準備了一個位置。

3.偶爾消失，讓他的生活斷電

「吃著碗裡的，想著鍋裡的。」這是很多男人都有的一種劣根性，儘管他的身邊有了一個她，他卻還在眼巴巴守望出現一個完美的女神。妳對他所有的付出，他熟視無睹，視此為理所當然。這時，小女人要選擇暫時離開他，讓他幸福的愛情生活斷電，也給自己一個思索的機會：他真的是能呵護我一生的人嗎？那時，他會發現，他原來習慣的一切對他而言是多麼的不可或缺。等著他給妳打電話吧，說：「寶貝，回來吧，我的生活不能沒有妳！」

在婚姻生活中施一點小心計，做一個「壞」女人，讓他意識到妳已經成為他不可或缺的「空氣」，他才會懂得愛惜你們的家，愛惜妳。當他將感情全部投放在妳身上的時候，自然就不會再有精力去顧及其他女人了。

所以，聰明的女人要學「壞」，做愛情裡的「陰謀家」，才能擺脫成為「愛情祭奠品」的悲劇。

無論如何都要空出兩個人在一起的時間

「我相信，只要他們多花一點時間陪在我身邊，一切都會好起來。」

——蜜雪兒・歐巴馬

在公眾面前，歐巴馬是一副沉著穩重的形象，然而每次出席公開的競選集會，他都不忘望向台下搜尋蜜雪兒的身影，蜜雪兒在台下的一顰一笑，歐巴馬都會予以深情回應。正如歐巴馬的貼身助理所形容：「他們幾乎時刻都有心電感應！」

這種默契當然是在長時間的相互陪伴中產生的。蜜雪兒有自己熱愛的體面工作，她兼職芝加哥大學醫院的交流與公共事務部的副主席一職，但是她一直把家庭放在第一位，並且煞費苦心地經營自己的家，這也深深地影響著自己的丈夫，並讓他時刻牢記著家的溫情。

在歐巴馬為競選總統而離開的兩年時間裡，雖然聚少離多，但是蜜雪兒很少報怨，在背後默默地支持丈夫的同時，她還總是想辦法抽出更多的時間和丈夫待一起，以使雙方的關係變得更緊密。

蜜雪兒還喜歡在黃昏時拉著丈夫出去散散步，她甚至還會提醒歐巴馬平衡工作和生活，抽出時間多陪伴兩個女兒。蜜雪兒總以溫暖美好的太太形象，引導丈夫不要忘記回家的路。

拴住一個人是容易的，但能像蜜雪兒一樣拴住男人的心，讓他時刻記得來時的路，卻不是每個人女人能做到的。愛情就像一門藝術，要用心、用浪漫去調和，只要妳能在平時的生活中，將幸福植入他的心中，讓他的心中時刻有妳，你們的愛情自然長盛不衰了。

1.美貌與孩子可以長時間留住男人

女人最漂亮的時期，自然能吸引住自己的男人，這是女人能留住男人在自己身邊的第一個時期。但由於女人的青春和漂亮不能長久維持，因而這個時期過後就十分危險了。所以第二個時期是女人有了孩子到孩子慢慢長大這一個時期，女人的母性加上孩子的力量，一般足以留住男人。到了孩子長大以後，女人應該用自己的寬廣的胸襟和朋友般的感情，讓男人在一天工作之後，有個靜靜的避風港和傾訴對象，自己也會投入到這樣溫暖的環境中。

2.創造一個舒適、整潔的家

作為一個男人，不管他的工作性質如何，也不管這項工作對他來說具有多大的誘惑力，或者使他多麼著迷，總會給他帶來某種程度上的緊張感。在他回家以後，如果有個舒適、清靜和井然有序的環境，使這些緊張與疲憊得以消除，他的心理、身體和情感就能得到平衡，他就有更加充沛的精神和體力迎接挑戰。要使家庭幽雅、舒適，主要責任在於妻子。作為妻子，必須清楚的是妳對家庭的裝飾與佈置，不要完全從個人的愛好出發，否則，妳的一番心思將會白費。

有人說過，製造一種愉快、祥和的氣氛，讓男人在家感到舒適，是使他留在家裡、留住男人心的最好方法。作為妻子，妳應當相信這一提示和忠告。

3.和諧的性生活是美滿婚姻的添加劑

兩性生活在維繫婚姻的穩定方面有著重要的作用。有一位心理學家，仔細地研究了夫婦離異的原因，共有四點：一是性生活方面雙方不能滿足；二是業餘時間各自尋求的消遣不同；三是經濟問題；四是雙方中任何一方在思想、情感和軀體上發生反常狀態。其中以第一個問題所致的婚姻破裂為最多數。

有人曾經指出：「除了人為的因素外，包括社會因素在內，男女結合的最大樂趣即為性生活的互相滿足，少了這一點，愛情之樹則難以常青。」

4.「妻管嚴」要鬆緊適度

很多家庭破裂，愛情變化，緣於女性的疏忽，太過高估男人的責任心和節制能力，在毫無約束之下，男人一遇到誘惑，便陷入婚外情中。

所以，一些女人覺得應對丈夫嚴加監管，做個「妻管嚴」，但是凡事「過猶不及」，監管過分，會使男人喘不過氣來，覺得家庭一如公司般充滿壓力。故妻子做「妻管嚴」，得適可而止，必要時放他一馬，讓他自由自在一番，之後再適時「收緊」，如此一張一弛，時剛時柔，他就會永遠在妳的掌握之中。

聰明的女人，知道怎樣創造時機，留出兩個人在一起的時間，只有留出在一起的時間，才能交流，只有交流，才能互相理解，互相懂得。一個溫暖而又懂得丈夫的妻子，才能引導丈夫不忘回家的路。

學會「調教」男人，讓他甘做幸福下屬

「我意識到，如果我四點半就離開公寓到健身房鍛鍊身體，那巴拉克就別無選擇，只能起床。等我從健身房回到家，女兒們都已經起床，並且被餵好。」

——蜜雪兒・歐巴馬

在新罕布什爾州舉辦的一場競選集會上，蜜雪兒半開玩笑地說道：「我長得更好看，也更聰明。」台下的觀眾爆發出會心的笑聲，而歐巴馬則在一旁邊點頭邊微笑，似乎在靜靜地等待妻子完成對自己的「數落」。

能夠讓貴為美國總統的歐巴馬對自己如此「順從」，蜜雪兒駕馭婚姻的能力不

得不讓人折服。可見蜜雪兒在家庭裡明顯處於強勢地位。兩人的朋友幾乎都覺得，在這個家裡是蜜雪兒說了算的。其實，歐巴馬也為蜜雪兒改變了不少。據知情人士說，這些年來，歐巴馬已經學會了幫助蜜雪兒做不少家務事。可見，蜜雪兒不僅自己賢能，把家裡打理得井井有條，更擅長挖掘丈夫歐巴馬顧家的本性與潛能。在她的影響下，歐巴馬也開始分擔一些力所能及的家務，例如鋪床、倒垃圾、讀《哈利•波特》給孩子們聽等等。

可別小看了這些看似無關緊要的事情，對於一個家庭來說，這就是男人在履行他作為丈夫和父親的責任。正是因為有了這些「小事」，才為歐巴馬樹立了一個「好丈夫」和「好父親」的形象。

女兒薩莎出生後，蜜雪兒每天四點就要起床給孩子餵奶，然後接著忙著其他事情。她常常感到憤怒、形容憔悴，而歐巴馬卻只會躺在那裡睡覺。後來蜜雪兒決定做點什麼來改變現狀，一天早上四點起床餵完女兒後，她破天荒地消失去了健身房。歐巴馬醒來後發現他必須留下來照看孩子，等蜜雪兒從健身房回來後，發現女兒們都已經起床，並且被餵好了，這些都是她為自己爭取到的。

大選那晚，歐巴馬穿著白襯衫和夫人坐在一起看電視。當時，拿著遙控器的是太太蜜雪兒。掌握遙控器的角色傳統上是屬於家庭裡的男性，因為男性是一個家庭娛樂活動的領導者。但歐巴馬卻放心地把家裡的一切交給自己的太太打理。因為蜜雪兒的溫柔和嫺熟讓他感到安全與舒適，在家裡他可以放心自在地做太太的「幸福下屬」，甚至幫助太太洗碗、鋪床……。

不少女人都抱怨自己的丈夫從來不做家務，自己一個人又要工作又要做飯洗衣整理房間，而丈夫又根本幫不上忙，總是「笨手笨腳」。蜜雪兒告訴我們，好男人是需要調教的，沒有哪個男人天生就會幫妳分擔家務。

當然，聰明的女人懂得在任何場合、任何時候都給丈夫一點面子，即便是做家務這樣的小事，也會用溫柔的方式，引導他主動去做。當然把握這種分寸也是有技巧的，大家不妨把以下幾條作為參考。

1.待他不妨謙和些

對於男人，不要以為妳告訴了他，他就會按照妳的要求去做，當我們希望得到既定的結果時，一定要為對方的接受程度考慮。比如他在刷過牙後總忘記把牙膏蓋子蓋上，妳就多說幾句「請記得蓋上」，而不要向他頻頻說出「不要、不准」之類的話語，只有這樣，他才會欣然接受，而不會惱羞成怒。

2.謝謝他的「好」

當他為妳做了一件事，不管那是需要花很多時間的「大事」，或是很容易做的「舉手之勞」，妳都可以鄭重地表示妳的感激。一方面這是很好的習慣，表示別人對妳好，妳都放在心上；另一方面，這是絕佳的示範，讓妳的男人也學會對妳的付出點點滴滴都放在心頭。

妳可能沒有這樣的習慣，或不覺得它很重要。舉些例子，妳便可以舉一反三：

妳的男人把碗洗好了，妳拿一張擦手紙或一條毛巾給他，對著他甜甜一笑，說：「謝謝你，辛苦了！」妳的男人為妳拿來了一杯茶，妳馬上說：「啊！謝謝！你怎麼知道我正想喝？」

3.降低要求，重在參與

對大多數男人來說，整理家務的確是他們所不擅長的（當然，也不排除他們其中一部分是家務高手），他們生來沒有這樣的天分，後天在父母身邊又不注重培養，所以妻子們要放低對他們的要求。

只要他們是真心參與，妻子們就不要太在意品質，畢竟他是因為愛妳才會付出。妻子們要發揮奧運精神，強調重在參與，不要指責批評，要經常從旁協助，給予鼓勵支持，日久天長，自會有一個家務高手誕生。

4.學會幽默，讓「下屬」樂在其中

幽默是家庭生活中的調味品，有助於家庭氣氛的輕鬆活躍，有助於夫妻間巧妙化解矛盾。夫妻生活，形影相隨，哪有那麼多「原則」、「定律」可講。遇到說不清的家務小事時，不妨以幽默方式來處理，一定會收到良好的效果。例如，當丈夫把菜煮太鹹時，妻子不妨幽他一默：「鹽又降價了吧？」把丈夫問得莫名其妙之時，不妨加上一句：「這裡鹽比菜多。」丈夫笑過之後自會有所改進。

一個聰明的妻子會有意無意間讓丈夫也分擔些家務，讓他也參與其中。只要妳「教導有方」，妳會發現，男人對家務也不總是「面無表情，無動於衷」的！學會讓妳的丈夫在家裡做一個「幸福下屬」，這是一個聰明女人創造自身幸福和歡樂家庭的開始。

婚姻長久的祕訣：不斷開發新鮮感

「我完全信任她；但同時，她對我來說在某些方面仍然是個謎。」

——巴拉克·歐巴馬

在歐巴馬選舉獲勝之後，蜜雪兒和他來了一個大大的擁抱，兩人四目相對，一名競選助手說，他們的對視「就像剛剛結婚的情人，眼裡沒有別人，只有對方」，彷彿他們一直就是這樣。

浪漫，似乎是女人對於愛情和婚姻永恆的追求。蜜雪兒說，歐巴馬是一個十分浪漫的人，雖然兩人已經結婚多年，還是會不定期地約會，不過現在他們約會的時候，偶爾也會帶著孩子。歐巴馬還會不時送花給蜜雪兒，為她帶來無比的驚喜。

當然，身為第一夫婦，歐巴馬和蜜雪兒的浪漫免不了要沾上些許政治色彩，就連每週「擠」時間約會也是如此。而保持婚姻「新鮮度」的祕訣，其實也和維持政治人氣一樣，不過就是經常要有新的、讓人興奮的提案。

例如在某一年的夏天，蜜雪兒盛情邀請歐巴馬以前的籃球兄弟們來到大衛營，一起為歐巴馬慶祝生日，這讓歐巴馬大為驚訝，同時又十分感動妻子的精心安排。歐巴馬說，這是他非常開心的一天，感謝蜜雪兒。

而歐巴馬也大有能為蜜雪兒放下一切的架勢。在歐巴馬和蜜雪兒十六年結婚紀念日之際，正好是歐巴馬踏上參選之路的時候。不過在結婚紀念日那一天，歐巴馬卻拋下了手頭的一切工作，專門前往花店，買了一束白玫瑰送給妻子，並和蜜雪兒一起到飯店吃飯，度過了一個愉快的結婚紀念日。

浪漫也不總是需要像這樣需要精心策劃，更多的日子裡，夫婦倆人一起送兩個女兒到學校，然後一起去鍛鍊身體，直到九點或十點才開始公開行程。

白宮住所重新裝修，第一夫人要求在門外放置一把搖椅，以方便丈夫讀書。歐巴馬對此提議大為讚賞，誇妻子心細，並仔細審查了椅子的顏色和樣式。夫婦兩人後來又開始一起學習打網球。被人問起打球的情況，蜜雪兒坦然承認，歐巴馬贏了。歐巴馬立刻謙虛地補充道，只是現在贏了。

很多人女人認為愛情到了一定程度就會失去當初的激情和新鮮度，男友不會再偶爾送妳玫瑰，妳使喚他的時候他居然敢抗旨不從。每天一睜眼看見的都是同一張臉，禮物也不會帶給妳過多的驚喜了，因為妳早就料到他會送妳這個。就這樣，生活變得無趣，和愛人在一起變得乏味。實際上，這個時候就是愛情失去了新鮮勁。其實，愛情和水果一樣需要保鮮，如果不進行保鮮的話，就會如同失去水分的蘋果一樣乾癟了。

所以，無論是愛情生活還是事業運氣，成功的本質就是，不斷開發新鮮！

古人云：「入芝蘭之室，久而不聞其香」。這是一個再簡明不過的淺顯道理，再香的東西聞多了也不香了，再好吃的東西吃久了也會吃膩，再好的人相處久了對他的諸多好處也會見怪不怪，再美的東西看多了也習以為常，審美疲勞是人的一種通病，婚姻之內夫妻之間則更是如此。

對於婚姻保鮮的問題，很多的夫妻都有自己的一套經驗，而且不同的婚姻也有其不同的保鮮招數，有的是對所有夫妻都管用的招數。

比如夫妻適度的打情罵俏為婚姻生活增添些情趣，甚至偶爾來點限於夫妻私密的葷笑話和色情話題，可以很好的調劑一下婚姻生活；又比如經常有意識地以欣賞的眼光看對方，多讚賞對方，丈夫對妻子的外表打扮廚藝等多讚賞，妻子對丈夫的才幹能力多加讚賞，讚賞是夫妻生活的一劑啟動靈藥；再比如利用好孩子這根夫妻感情的紐帶，讓夫妻找到更多的共同話題和生活目標追求等等。有的保鮮招數則要視具體情況而定，又比如，適當地發小脾氣、鬧小意見對於夫妻感情不見得壞事，夫妻恩愛過頭，過於相敬如賓，毫無疑問是雙方過度忍讓和包容的結果，其實有時並不利於情感的真實宣洩，而有時發發小脾氣，把內心真實的想法透過這種形式發洩出來，反而會增進夫妻感情。

真理必然是靈活的，僵化的真理本身就是謬誤，沒有絕對正確的婚姻保鮮高招，沒有對所有婚姻都管用的靈丹妙藥，婚姻是否有活力，能否保鮮，最關鍵的不是尋求這些保鮮招數，而是心裡常有這根弦，心中有了這根弦，妳就會想出適合妳自己婚姻的保鮮招數，夫妻就能常愛如新。

婚姻，只有透過不斷努力才會成功

「我想告訴大家，婚姻不是件輕鬆事。我們的婚姻得以維繫，是因為我們真正努力去維護。我們的婚姻很穩固，但並不完美。」

——蜜雪兒・歐巴馬

人們總是喜歡用「郎才女貌」來形容一對珠聯璧合的完美夫婦，不可否認，歐巴馬和蜜雪兒都非常優秀，兩人都外表出眾，有著很強的個人魅力；均自頂級學校畢業，有著出色才幹；看起來都很真誠，易獲得他人信任，因此這個家庭可謂是「強強聯合」。

然而在家庭生活中，「強強聯合」往往不是完美的組合，甚至是更容易發生衝突。如果兩人都屬於強硬派，發生衝突的機會自然不會少，而這也正是歐巴馬和蜜雪兒最初婚姻生活的情景。兩人的生活習慣不同，經歷了長時間的磨合才達到了和諧。

雖然現在大家看到兩人總是以一對恩愛夫妻的樣子在人前出現，但歐巴馬和蜜雪兒的爭執還是能看出一些當年的影子。在歐巴馬的競選過程中，蜜雪兒承認，因為歐巴馬在家務方面表現不佳，自己難免變得絮叨。在芝加哥舉行的一個籌款集會上，蜜雪兒說：「就在今天，他早餐時用完黃油後就不管了。我只好說：『這可是你自找的，別怪我又嘮叨，你為什麼就不能把黃油罐蓋上？』」

對於許多女性來說，如何拿捏事業和家庭生活之間的分寸是一輩子的課題。在許多局外人看來，蜜雪兒在處理事業和家庭生活時卻似乎舉重若輕。

許多人評價說，蜜雪兒把整個家庭打理得井井有條，歐巴馬也承認，蜜雪兒是這個家庭的核心。但事實上，儘管蜜雪兒和歐巴馬之間感情深厚，相濡以沫，但他們的婚姻生活和大多數人的婚姻生活一樣，也是經過了不少磨合才得以更加和諧的。

蜜雪兒還勇敢地揭「家醜」：「那個傢伙並非如此令人敬佩，他也有毛病。」蜜雪兒說，歐巴馬的「毛病」包括：「總把襪子塞到髒衣服裡，鋪床的時候他還不如我們五歲的女兒薩沙。」蜜雪兒還說：「所以，原諒我，我對這種歐巴馬熱的現象有點吃驚。」而在蜜雪兒「揭短」同時，歐巴馬也在公眾場合幽默地抱怨幾句。蜜雪兒在籌款集會上剛結束發言，歐巴馬就登臺說：「我不喜歡那種百依百順的妻子。」他說：「沒錯，我妻子比我精明、比我好看，但她為人也比我苛刻。」

現在看來，兩人間的這種戲謔只是他們大秀甜蜜的另一種方式。但可見當年兩人處在婚姻磨合期時，一個顯得有些散漫，有些不修邊幅，另一個則注重細節，嚴謹幹練。兩人之間個性上的差別，當年應該是對他們婚姻關係的一大挑戰。幸運的是，他們成功地走了過來。

一個女人想要婚姻幸福，除了嫁對一個好老公外，還應該多花時間在婚姻的經營和維護上，要不然這顆種子播種下去，得不到良好的照顧，接受不到陽光的照耀和雨露的滋潤，就算是一顆萬里挑一的良種，也結不出豐碩的果實。婚姻這顆幸福的種子，需要精心的照料，才能茁壯成長。

要給婚姻添點陽光，在旁人面前「曬曬」你們的幸福。一段感情如果長期不見天日，會因為無法得到肯定而開始產生自我懷疑。現在越來越多的人在網路社群上「曬恩愛」，也是因為透過這樣的方式，會讓感情受到更多人的關注和祝福。

要給婚姻通風，再親密的兩個人也必須保留有各自的空間。形影不離的距離只會讓兩個人都感到透不過氣。在結婚之後，兩個人都還應該保留自己的朋友圈子，花時間在各自的人際交往上，不僅是為家庭打造更好的人脈關係，也是讓夫妻之間保留一些新鮮感，不能因為日日的四目相對，而顯得平淡，最終厭倦。

給婚姻除蟲，及時消除雜念，保持忠誠的信念，會更好幫助我們維護婚姻。在感情的世界裡，人們總難免遇到一些誘惑。金錢的誘惑、美色的誘惑、自由的誘惑，都會像一條條蛀蟲，借欲望之名啃噬掉人們看似牢固的信念，讓外表看起來堅不可摧的感情內部千瘡百孔，岌岌可危。所以及時地除蟲便可以讓這些欲望在對婚姻造成威脅之前就死亡、覆滅。要及時交流，並且相互給予鼓勵，幫助對方戰勝心魔，早日走出因為不滿足而帶來的不安和動搖。

要梳理兩人關係中出現的問題，制訂未來家庭發展的計畫。舊的問題不解決，會越積越大，最終成為兩人關係中的毒瘤，根深蒂固地駐紮在感情的根基，阻撓兩人關係的改善和發展。可以說舊的矛盾不解決，就會帶來源源不斷的麻煩。而如果能越早在關鍵問題上達成一致，兩人關係就越容易得到進步。這些關鍵問題包括家務問題、財務問題、孩子教育問題和贍養老人等。正是這些瑣碎又重要的細節才構成了婚姻的主體。

如果妳想要一個幸福美滿的家庭，必須要多花時間在家庭的經營和維護上，就像種瓜那樣，投入最大的精力，才能種出最甜美、最成熟的瓜。

Chapter 5

持家有道的女主人，家庭合唱的總指揮

「我有一份全世界最好的工作」

「感謝上帝，我不用拯救全球經濟。我只要去和每個人問好，給孩子們講故事，張羅翻修花園。」
——蜜雪兒・歐巴馬

從許多方面來看，蜜雪兒是一個具有傳統觀念，喜歡傳統家庭類型的女人。她希望家人能夠團圓地圍坐在餐桌旁吃飯，並認為做母親是自己第一職位，也是最重要的角色。

她在白宮開闢菜園，既享受一個農家婦女的田園快樂，又開闢出一連串的菜園文化來，怪不得目前蜜雪兒自我感覺是如此良好：感謝上帝，我不用拯救全球經濟，我只要去和每個人問好，為孩子們說故事，張羅翻修花園，並不無驕傲地宣稱自己「有一份全世界最好的工作」。

歐巴馬夫婦入主白宮後的第一個春天，蜜雪兒將白宮的南草坪改造成了一個菜園，這也是自二戰後白宮首次開闢菜園。說起在白宮開展園藝的緣由，歐巴馬夫人說，她以前從沒種過菜，作為兩個女兒瑪麗亞和薩莎的母親，她總是盡可能地讓孩子們吃好，但是每週出去吃三頓飯、動不動就訂披薩外賣、午餐用三明治應付過去、晚餐再來一頓饕餮的飲食方式，讓孩子們的體重迅速增加，直到兒科醫生提醒她需要考慮一下孩子們的營養問題時，她才意識到問題的嚴重性。

當歐巴馬夫人和孩子們一起將菜種到土壤中時，她跟孩子們說，「當我們種下這些植物後，它們就開始生長，等它們成熟後，我們就能直接品嘗了，這真的很有趣的，妳們要不要和我一起嘗嘗韭菜？」

蜜雪兒所做出的努力，是讓白宮的一個小菜園帶動全國小學和家庭的菜籃子。要真正讓孩子們「無視」垃圾食品，還要建立健康的飲食觀念。作為當地小學的一個教育基地，菜園傳遞的是健康的飲食和生活觀念，而這種理念不僅有益於遭受肥胖困擾的美國人，對於任何一個生活在城市中的人而言，同樣意義匪淺。

此外，菜園建在這樣一個矚目的地點——白宮，由矚目的人物——歐巴馬夫人建立起的菜園，它的意義和影響絕非僅局限於此。將「菜園」與「白宮」、「第一夫人」這些字眼聯繫在一起，它本身就是一個極為吸引目光的話題，在其中所宣導的種菜和追求健康食物的理念，會引發人們更多的思考。

美國白宮的菜園行動正在積極開展著，對於我們來說，白宮菜園也具有很大啟示意義。其實種菜本身，就是一種實現減肥和健康生活方式的途徑。

在菜園裡的勞作避免了靜坐的生活方式，有更多的時間呼吸新鮮空氣，接觸陽光；菜園也增進了與自然的親近感，都市生活將人與自然隔離，在城市裡生活的孩子和成人，可能少有人知道豌豆、韭菜等是怎麼長出來的，菜園幫助人增進了對健康食物的熟悉與親切感。

歐巴馬夫人的這項運動，也讓我們重新思考我們需要什麼樣的食物，菜園可以為全家提供健康、新鮮、有營養的食物，尤其是在食品衛生堪憂的今天，在自家菜園裡隨手摘一把新鮮蔬菜，加上簡單的烹調，就是一盤美味健康的菜肴。不僅降低了食物的開支，更重要的是，這種和家人一起分享自己勞動成果的喜悅和滿足感，是任何餐廳都不能比擬的。它已經成為都市人對追求健康生活的一種表達——既能體驗田園生活，收穫的新鮮蔬果吃起來也放心，還可以和家人朋友一起分享採摘的喜悅。蜜雪兒找到了一份她認為世界上最好的工作，妳呢？找到生活的快樂與自信了嗎？

熱愛生活的女人，無論在什麼樣的環境中，都能發現工作的樂趣，生活的詩意。一個能讓妳從中發現樂趣的工作可以滋養人，作為一個幹練、果斷且有著自己獨特想法的新時代女性，一定要勇於追求自己的幸福，仔細傾聽自己內心深處發出的聲音，從事自己喜歡的工作，從工作中發掘生活的詩意與美好，按照自己的步伐在璀璨的人生舞臺上翩翩起舞。

如果說家庭是男人的避風港灣，那麼事業就是女人的避風港灣。聰明的女人會把握好工作與生活之間的平衡，在工作中發現生活的樂趣，她們擁有自己的工作和事業，但絕對不會讓自己成為工作狂。要知道，那種在忘我工作中模糊了家庭的概念的女人，渾身都散發著一種讓人窒息的壓力，讓人望而卻步，誰願意跟沒有生活情趣的女人生活一輩子呢？

因此，在認真對待自己工作和事業的同時，也要實實在在地學會愛自己，愛生活，珍惜自己的美好年華，珍惜生活中的點滴美好，工作和家庭的平衡，才是女人最有成就感的幸福。

高效處理好家務，不拖丈夫的後腿

「蜜雪兒可以把一切安排得井井有條，她是個高效率的持家能手，我永遠也達不到她的水準。」

——巴拉克・歐巴馬

和大多數家庭主婦一樣，蜜雪兒每天早上一大早便起床收拾丈夫扔在籃子裡的髒衣服並打掃衛生，接著開始準備早餐，並準時叫女兒起床。但這只是一天的開始。蜜雪兒自己也是一名職業女性，甚至還是一名頗為成功的職業女性。

和美國許多普通家庭一樣，歐巴馬一家的分工也很明確：妻子掌管財務、家務、購物，連房屋、汽車等家庭基本設施的維護保養也都是蜜雪兒的事。「如果我們在家吃飯的話，就是我做，歐巴馬最喜歡吃我做的蒜泥茄汁小蝦」。她說。有著這樣一位既能持家又能照顧好丈夫「胃口」的妻子，難怪歐巴馬會對她贊許有加：「蜜雪兒可以把一切安排得井井有條，她是個高效率的持家能手，我永遠也達不到她的水準。」

卡耐基夫人曾說過：「我的丈夫，就是這樣一個人，他曾對我說，在認識我之前，他曾打算向一個漂亮、迷人的女孩求婚，但後來他打消了這個念頭，只因為有一天他到她的住處去找她時，發覺她房間裡淩亂不堪的情形，就像被敵軍剛洗劫過似的。」

對大部分的男人來說，他們寧願住在一間收拾整潔的帳篷裡，也不願住在淩亂不堪的漂亮豪宅裡！那些吃飯沒有一定的規律，或是到了吃飯的時間，上頓飯用過的碗還泡在水槽裡沒洗，廁所散發著一股異味，臥室裡一片狼藉等等，這些現象以及其他家事概不收拾的情形，足會使男人寧願跑到球場、酒吧去。對男人來說，除了自己的散漫淩亂可以忍受外，似乎沒有辦法忍受其他任何人的不整潔。

作為一個家庭的女主人，要盡力避免家裡長期的不整潔。任何一個有修養的丈夫，對於偶然發生的錯失也都是能夠體諒的。在繁忙的日子，他也會愉快地吃著剩菜，當我們碰到一些不尋常的問題必須應付的時候，他也會幫忙或是替我們解決，只要這種事情不是時常發生就好。

女人與家，天生有一種無形的維繫。一個聰明的妻子，總是善於佈置自己的家，讓家充滿溫馨、充滿情調，使丈夫靈魂找到真正的歸屬地，進而使婚姻更長久、更幸福。

作為美國第一夫人，蜜雪兒始終將婚姻放在第一位。她說：「在我眼裡，生活就是結婚育子，然後看著孩子長大成人，接受教育。然後參加他們的婚禮，撫養我們的孫兒。」現實生活中的蜜雪兒也的確是這麼做的。

家對於女人來說，就是自己最私密、可以為所欲為的地方。有陽光的時候可以曬曬太陽，沒有陽光的時候，可以窩在沙發上看電視，盡情享受家的溫馨。

未來的家，是不需要拖鞋的，冬天穿上厚厚的襪子，直接坐在地上也不會覺得寒冷，夏天光著腳，穿著少得不能再少的衣服在自己的天地裡進出，在自得其樂中享受作為情趣女人的愜意。家對於女人來說，便是生活中最能依賴的地方。

很多女人都曾談論過自己未來的家的樣子：客廳一定要寬敞明亮，要有落地窗，要有很軟很大的布沙發；臥室要有一張又大又舒服的床，一條漂亮的床單；廚房不要太小，要有陽光……這些只要想像一下，女人的心裡都會覺得美滋滋的。

總之，對於自己的家，還是需要自己慢慢去設計、去填滿，否則，再豪華的家，沒有溫暖的感覺，也不過是個樣品屋而已。

當婚姻遭遇「紅燈」，尋找一種妥協方式

「正是蜜雪兒的深情、大度、寬容，才讓我們的家庭度過了這樣一個困難的時期。」
——巴拉克・歐巴馬

二〇〇〇年，歐巴馬參選美國全國眾議院失敗，心情十分沮喪，渴望回歸家庭尋找一些安慰，但那時蜜雪兒正在為了自己的事業打拼，同時她還得分出精神來照顧他們的兩個女兒，根本顧不了歐巴馬，歐巴馬當然感到蜜雪兒對他的關心不夠，怨氣橫生。而蜜雪兒也覺得丈夫整天不能為她分擔，還經常不在家裡，也是頗多不滿。終於兩人爆發了激烈的爭執。此時的歐巴馬夫婦真正感到家庭的生活需要用心

來磨合。

歐巴馬和蜜雪兒都認真考慮了對方的感受，檢討自己的不是，冷靜思考過後都發現自己有不對的地方。歐巴馬承認自己疏於照顧家裡，而蜜雪兒則體會到丈夫在困難的時刻也真的需要更多的關心，而自己對丈夫的重視的確不夠。

在一番自我反省後，兩人都做出了讓步和改變。歐巴馬開始學著幫蜜雪兒照顧家裡，學著做了不少家務，還學著哄女兒。而蜜雪兒則更加注意丈夫和家人的感受，爭取在事業和家庭中尋找平衡。

直到現在，蜜雪兒手裡還有兩台手機，一個是用來工作的，一個是專門留給家人和朋友的。無論在什麼時候，蜜雪兒的電話永遠為歐巴馬開著。歐巴馬後來回憶說，正是蜜雪兒的深情、大度、寬容，才讓他們的家庭度過了這樣一個困難的時期。

在婚姻中，女人總喜歡去改造男人，但到頭來往往都會失望。一個男人在走進婚姻殿堂前，他的個性基本上已經定型了。看來，女人如果無法容忍男人的某個缺點或習慣，最好是在結婚前擦亮眼睛。

俗話說：「清官難斷家務事。」家庭中的很多矛盾是無法解釋清楚的，如果凡事都想弄個黑白分明、清清楚楚恐怕是難於上青天。而且，倘若凡事都較真的話，只怕會讓自己和家人都陷入不愉快的境遇。

通常意義上，女人在生活中要承擔為人妻母的角色，賢妻良母是社會和男人們對女人的普遍要求。而職業女性在擔負與男人一樣多的工作之後，往往還要承擔大量的家務勞動。但人的精力畢竟是有限的，當一個女人不甘平庸、渴望在事業上取得與男人一樣的成就時，就必然要將大量的精力投入工作中，這就勢必會忽略家庭。而且，就多數男人的心理來說，並不希望自己的妻子強過自己，所以，一旦丈夫是個大男人主義者，就必然會產生家庭危機。

的確，在我們這個生產力還沒有高度發展的社會裡，在一個大家都需要飯碗，必定要承擔工作的社會裡，我們是要扮演好自己的職業角色，在激烈競爭的職場上闖出一個屬於自己的空間，說穿了就是要事業有成。

但事業與家庭並不矛盾，享受愛情，享受天倫之樂，是天經地義、無可非議的事。魚和熊掌可以兼得，哪有那麼多非此即彼、你死我活的對立！恰恰相反，家庭經營得好了，反而可以成為推動夫妻雙方事業發展的強大精神動力。如果有人說愛情、婚姻、家庭耽誤了自己的事業，那他的思想還是非黑即白的「二元論」。

我們需要麵包，也需要愛情。愛情是一件絲絲入扣的事情，需要經營和呵護，如果說家庭生活占用了自己的精力，那只能說明妳不會生活或精力太有限了。如果說家庭生活讓自己沒有了個人空間，那妳的那個「個人空間」裡都裝了些什麼？

日常瑣碎的家庭生活也是甜美愛情的溫床，一杯茶、一個關切的問候、一抹甜蜜的微笑，甚至一次最終是和好了的衝突，能讓愛情更加溫暖動人。想想看，有這麼一個可愛的家、愛人和孩子，我們沒有理由不去打拼，不去好好賺錢呀。因為我們想讓自己的家更富裕、更加幸福。對於一般老百姓來說，我們沒有明星們顯赫的聲譽，豐厚的收入，所以事業和家庭，對於我們的人生才更為重要。

也許我們的工作很平常，但只要我們永遠有一顆進取的心，就能在工作上穩步前行；也許我們的家裡不豪華，房子也不太大，但它卻盛滿了家人間彼此的關懷和鼓勵；也許我們的物質生活樸素無華，但只要一家人能在精神上永不停滯，時時充實自己，給家庭之渠不斷注入活水，永保清新和彼此的吸引。這些，也就足夠了。家庭和事業，就像人生的基石，如果妳能牢牢踩在雙足下，就一定會擁有幸福的人生！

會妥協的女人不是一成不變的角色，懂得在職業女性與各種角色之間進行角色的轉換，什麼場合，什麼角色，涇渭分明。在時間精力有限的前提下，要做到事業、家庭兼顧，並且要贏得家人，特別是丈夫對自己事業的理解和支持，沒有後顧之憂，使自己精力充沛、全身心地投入到工作中。

稱職的母親，孩子永遠是宇宙的中心

「無論何時何地，孩子總會是我們小宇宙的中心。我們關心她們成長的每一步，儘量給她們正常和健康的生活方式，檢查她們有沒有做作業，定期參加家長會，這些都是我們在忙的。」

——蜜雪兒·歐巴馬

對於這對善於打親情牌的夫婦來說，蜜雪兒的家庭瑣事在總統競選期間成為吸引民眾的重要話題之一。比如她家在很長一段時間裡都沒請過保姆，如果她有事外出，就會讓七十歲的母親照顧孩子。

在競選演講中，她常常會說「多謝外婆」，在提到孩子的時候，她常常說難過得「無法呼吸」，因為大選使兩個讀小學的女兒備受冷落，言語中流露出的除了做母親的心疼與慈愛，還有一份作為女性特有的憐憫與同情心，令眾多美國普通家庭愛上了這個和他們有著相似生活經歷和相似情感方式的「鄰家母親」。

儘管競選工作繁忙，作為兩個孩子的母親，蜜雪兒的生活重心無疑是在這兩個寶貝身上。「無論何時何地，孩子總會是我們小宇宙的中心。我們關心她們成長的每一步，儘量給她們正常和健康的生活方式，檢查她們有沒有做作業，定期參加家長會，這些都是我們在忙的。」

歐巴馬兩歲時，父親老歐巴馬就離開了家，他再一次也是最後一次見到父親，已是十歲的時候。在歐巴馬年少時的記憶中，他與母親安妮•鄧納姆也是聚少離多，儘管她是一位盡責的母親，會在百忙中堅持讀書給他聽，但她從未放棄自己的學業和事業。

歐巴馬成年前的大部分時間是與外祖父母一起度過的。對他來說，一個完整的家，一個溫暖的家，一直是他內心深處所渴望的，而蜜雪兒給了他這一切。每當一家人在一起時，歐巴馬很享受那種溫馨和其樂融融的感覺。但對他來說，這種時光實在是太少，太寶貴了。

因此在養育女兒的問題上，蜜雪兒和歐巴馬有一個基本的理念，那就是：讓她們過「正常的」生活。當然，她自己非常清楚，有一個像歐巴馬這樣的爸爸，瑪麗亞和薩莎不可能像芝加哥那些中產階級的女兒一樣生活，她們的成長環境註定與同年齡的孩子不同。也正因此，蜜雪兒一直格外努力地讓女兒們的生活「正常」。

每天晚上，全家人都會抽出一些時間在一起聊天，直到兩個小丫頭睏得要打瞌睡，歐巴馬就會把她們送上床。

蜜雪兒談到，兩個女兒已經慢慢長大，所以傳統的習慣現在也開始不適用了。一是媽咪和爹地每晚為孩子講故事的時光似乎遠去，現在兩個女兒成了獨立的閱讀者。二是小孩子早上跑到父母被窩唧唧喳喳的情形也少見了，她們開始會貪戀自己的床。

把孩子當做家庭小宇宙的中心，既是婚姻穩固的基石，也能使孩子得到完整的愛，同時可以促使孩子更加健康的成長。做孩子心目中快樂的天使，即使他不愛說話，也要積極與他交流；即使他變得很自卑，也要讓他意識到這個世界還有陽光；即使他不再懂得愛了，也要將他懵懂的意識喚醒，讓他感受到親情的溫暖……妳的心引領著他的心，妳的快樂感染著他的快樂，千萬不要將自己思想的陰霾傳染給孩子，那樣，等於妳將一顆毒瘤注入了一個健康的靈魂。

《聖經》中說：「上帝無法降臨在每一個人身邊，所以造就了母親。」由此可見，對母親寬廣而光輝的愛，東西方的認知是一致的。世界上最偉大的愛是母愛，上帝在創造人間「母親」的時候花了許多的時間，到了「母親」出世的那天，僕人問道：「您為什麼在造她的時候花了那麼多的時間啊？」上帝說：「人間的母親，具有站立起來就不會彎曲的膝部關節，她靠殘羹剩飯就能生活，她擁有能夠迅速醫治創傷和疾病的親吻，從挫折到失戀，都能治癒。她有六雙手，三雙眼睛，她的眼睛可以透過緊閉的房門洞察一切，當孩子們有了過失或麻煩時，她眼睛能夠看著他

讓孩子成為男人真正的「牽絆」

「薩莎和瑪麗亞，我對妳們的愛比妳們感受到的要多得多。我答應妳們將有一隻小狗，讓牠跟隨我們搬進白宮。」

——巴拉克・歐巴馬

透過網路視訊，人們看到了一幅幅這樣的畫面：瑪麗亞和薩莎或快樂地依偎在父母身邊，或與父母和朋友一起過生日，或一起玩家庭足球。一個能幹賢慧的妻子，兩個漂亮可愛的孩子，沒有背叛和拈花惹草這類緋聞，這就是歐巴馬的家庭。

在整個競選過程中，近乎完美的家庭引得很多家庭的豔羨，更是為歐巴馬加分不少。其實，蜜雪兒和歐巴馬的婚姻並非從一開始就是完美無缺的，他們之間也有過婚姻危機。二人結婚五年時，仍未能生養兒女，夫婦為此痛苦萬分，甚至想到了採取試管嬰兒或者想用領養孩子的方式讓家庭邁向圓滿。直到一九九八年，大女兒瑪麗亞誕生讓這個煩惱得以解決，歐巴馬夫婦的婚姻才就此開始邁向穩固。

二〇〇一年小女兒薩莎來到人世後，由於忙於競選國會議員，歐巴馬開始對家庭疏於照顧，導致蜜雪兒對他十分不滿，兩人甚至差點走上了離婚的邊緣，整個家庭因為此時的歐巴馬而陷入了新的危機。

歐巴馬曾向外祖母抱怨：「我愛蜜雪兒，但她那種無休止的嘮叨快要殺了我。她總是讓人不痛快，總是怒氣衝衝的樣子。」

生活或許是真的想要考驗這對夫婦，小女兒薩莎出生不久患上了脊髓腦膜炎。這個事件讓這對夫妻再度站到了同一條戰線上，於是兩人拋棄隔閡，重新聯手，與女兒共同對抗病魔的日子，幫助他們建立起了更加緊密的關係，所以在二00九年，美國公眾才能看到幸福而美滿的一家四口最終入主白宮。

結婚頂多是男人生命的一個轉捩點，當男人成了「孩子他爸」，他才能算是真正成熟。孩子出生以後，在家庭裡的各種關係中，男人可能把自己的新形象看成是父親，並利用這一新形象來改造自己的生活。

當歐巴馬與蜜雪兒的孩子因病住院的時候，對於他們不管有什麼分歧和矛盾，不管對他們的婚姻還抱有怎樣的疑惑和焦慮——現在這些都不重要了。

就像後來歐巴馬回憶的那樣：「我的世界凝聚到了一個點上……我對病房以外的任何事、任何人都不感興趣——我的工作，我的日程，甚至我的未來！」

「在今後的生活中永遠都是孩子第一，我自己也很重視這一點。父母與孩子的交流非常重要，這樣會令他們的成長和家庭的氣氛都與眾不同。所以不要吝惜與他們在一起的時間。」在馬不停蹄的競選征途中，歐巴馬往往等不到曲終人散，就已在「轉戰」途中倒在競選大巴上睡著了。然而，哪怕是在選情最緊張的時候，歐巴馬也會每天與蜜雪兒通電話。歐巴馬並非向蜜雪兒報告最新選情，而是與妻子談談孩子。蜜雪兒會告訴他瑪麗亞和薩莎一天中的趣事，或第二天有什麼安排。電話那頭蜜雪兒熟悉的聲調，孩子們稚嫩和歡愉的叫聲，對歐巴馬來說是最大的安慰。

讓十歲的瑪麗亞和七歲的薩莎隱私不受侵犯、成長的過程不受打擾，這一直是歐巴馬夫婦最關心的問題。在參加哥倫比亞廣播公司的節目時，歐巴馬說，他在選戰中最大的快樂之一，是目睹兩個女兒不斷適應生活的變化；而未來四年內他最大的憂慮，則是女兒們是否還能保持這種健康的狀態。

可以說，父親是一個每天都要與家庭發生相互作用的男人。為了實現這一點，家庭成了男人主要關注的對象，即使當他遠離家庭的時候，他的意識也會和孩子在一起。

千千萬萬的父親下班回家以後和孩子們在一起玩耍，或吻著送他們上床睡覺，偶爾還講故事給他們聽，或者領帶他們去看球賽，或在週末一家人去野餐。這些使男人覺得他們與自己的孩子保持著親密的關係。他們的主要活動和意識都放在家庭以外，每週這為數不多的幾小時，對他們和孩子同樣寶貴，但這並不是他們生活的中心。

一般來說，父親對孩子的影響是最為深遠的。父親不願意當英雄，不願意充當執行紀律和通向外界的橋樑或者被人打敗的力量，他承擔了為自己的孩子提供基本信任和內部安全的工作，進而使孩子能夠長大成人，離開家庭走向獨立，並贏得自己獨立的身分。

蜜雪兒的親子觀念，其實是一語雙關，一箭雙雕，既讓孩子對父親建立起感情，讓父親培養孩子應該具有的能力，增強家的溫馨與甜蜜，又可以讓孩子成為丈夫真正的牽絆，親情的力量讓他捨不得這個溫暖的家。這對於那些擔心自己身材而遲遲不想要小孩的女人來說，這是值得學習的經驗。

「我需要支援，而這種支援不一定要來自巴拉克」

「我一直把自己的幸福寄託在他的身上。但是，這其實跟他沒什麼關係。我需要支援，而這種支援並不一定要來自巴拉克。」

——蜜雪兒・歐巴馬

經過十幾年的婚姻生活，歐巴馬和蜜雪兒已經慢慢學會了彼此冷靜地面對問題。兩人之間不停地就奉獻、犧牲、責任這樣的主題進行溝通，共同找到處理的辦法。

在歐巴馬競選的時間內，兩人見面更少了，但從來沒有消息說兩人的感情因此受到了什麼影響。蜜雪兒在隨後接受芝加哥論壇報的訪問時說：「有的時候，這樣的生活是挺累人的。但我們需要理解的是，到底我需要什麼樣的支援？什麼樣的東西能讓我的生活充滿興奮呢？我當然需要支援，但我和孩子並不是一定要他時時刻刻守在身邊，我能感覺到我們之間有一種聯繫，一種紐帶，這就能讓我們感到高興了。」看來，經過多年的相處，歐巴馬和蜜雪兒之間已經有了成熟的相處之道。

蜜雪兒承認，在歐巴馬為州參議院工作的幾年間，「家庭關係很緊張。」但是她也意識到「我需要弄清怎樣保持理智，而不能指望巴拉克幫我解決問題」。正是在那時，蜜雪兒清醒地做出決定，為了適應歐巴馬締造的現狀，她不得不做些調整，而現實永遠不會自動為她改變。「我想通了最重要的一點，我希望巴拉克能為了我，成為我想要的那個人，」她解釋說，「我相信，只要他能多花一些時間陪在我身邊，一切都會好起來。所以我一直把自己的幸福寄託在他的身上。但是，這其實跟他沒什麼關係。我需要支援，而這種支援並不一定要來自巴拉克。」

「我應該怎樣搭建自己的世界，才能夠讓它按照我的意願去動作，同時也不必強迫丈夫變成我想要的樣子呢？」她意識到她自己需要搭建一個輔助系統，她請了一位保姆負責洗衣、做飯、打掃房間，還把母親接來幫助自己一起照顧孩子，她說：「到底是不是巴拉克在幫忙帶孩子並不是最重要的，重要的是我開始有了空餘時間。」

作為女人，無論什麼時候，都不能過分依賴任何人，每個人都有自己的人生，所以我們應對自己的人生負責，沒有人能夠代替妳，為妳包辦一切，即使有，妳也會發現妳並不快樂，丈夫只是人生旅途的一個夥伴，他承擔不了我們所有的重量，我們應該有自己的支撐點。

永遠都不要把妳的支撐點全部放在那一個人身上，因為他不是一棵樹，而是一個活生生的生物，很難保證他不會動搖，不會走掉。

所以，聰明的女人應該學會把自己的支撐點分散開來，我們可以找到很多支撐點，而且自己就是最重要的一個，這樣我們才能真正感覺到安全。我們需要的支援真的不一定非要來自某一個人，因此我們的天空就不會因某一個人的離去或缺席而一下子崩塌。

其實，兩個人在一起的時間越長，就越覺得分手以後對自己是一種虧欠，心裡也就越痛苦。一個人一旦動了真情，即使以後會遇到更好的選擇，也往往會守住現在。因為人們不是在割捨對方，而是在割捨自己，割捨自己曾經投入的歲月和真情。可是生活就是這樣，總有人來人去，我們人生中的每個階段都會有很重要的一個人，他們陪伴妳的時間或長或短，但每個人都是來滋養妳的生命的，他並不是唯一，只是許多許多裡的其中一個而已。

女人應該明白：我們需要支援，但這種支援並不一定非要來自某一個人，我們完全可以對自己愛的那個男人說：「我愛你，但我可以沒有你。我需要支援，而這種支援不一定要來自你。」

Chapter 6

不會打扮是種罪，走到哪裡都得是焦點

「平價女王」的祕笈：時尚無需昂貴

「她很可能成為一個典範，告訴美國的中產階級，有些衣服並不貴，但穿起來也很棒。」

——美國女歷史學家桃莉絲・科恩斯・古德溫

蜜雪兒在二〇〇八年六月的一期電視節目《觀點》中做嘉賓時穿了一件黑白太陽裙，優雅中透著知性美。

裙子設計師唐娜・里科說，蜜雪兒沒有穿休閒裝和正裝上電視是一個明智的選擇，《觀點》節目中的多位嘉賓衣著都比較傳統，只有蜜雪兒的穿著非常有特點，這條剪裁合身的A字太陽裙讓她一下子從人群中脫穎而出，「清晰的身體輪廓、模特般高挑的身材讓這條裙子穿在她身上顯得特別好看，我試圖設計出那種能適合所有女性和所有體形的衣服，不過歐巴馬夫人的體形更是完美展現了這一點，非常值得稱道。」

費城專欄評論家伊莉莎白·韋林頓也說，這條黑白無袖太陽裙展示了蜜雪兒漂亮的三頭肌，而別在左肩裙帶上的黑色花束，加上她濃密的睫毛和小碎花卷髮，讓蜜雪兒顯得優雅而有活力，充滿了女性的魅力。

出乎大家意料的是，蜜雪兒毫不諱言這條裙子是在一家叫做「White House Black MArket」的服裝連鎖店買的，只要一百四十八美元，結果立即引發了搶購狂潮。成千上萬女人都跑去搶購這條裙子，二十四小時內「White House Black Market」在全美三百二十二家分店宣告售罄。

看來，貴為美國第一夫人的蜜雪兒似乎並不鍾情於奢侈品，甚至似乎特意避開那些昂貴的名牌服飾。她的著裝展現的更多是獨特的創意，尤其是那些帶著多元文化背景的美式剪裁。蜜雪兒甚至大膽地將一些不知名的服裝設計師的作品穿上身，以親身經歷告訴廣大女性——時尚無需昂貴，平價衣也能搭出大牌範。

除了那件售價僅一百四十八美元的黑白無袖太陽裙外，蜜雪兒還穿過更便宜的衣服。那是二〇〇八年七月四日美國獨立日那天，她到蒙大拿州布特鎮參加一個野餐會時，選擇了一身復古風格的衣服：一條黑白格子無袖連衣裙，白色毛衣的兩個袖子系在一起披在肩上。這樣的穿著彷彿讓人回到了上世紀五〇年代。那條黑白格子無袖裙售價僅三十美元。

在美國人的眼中，蜜雪兒既會穿設計師品牌，也會穿平價服裝，總是能把它們完美地搭配在一起。她最擅長以平價服飾搭配精品配件，穿出時髦效果，進而走出一條更加實際的時尚路線，引來無數人爭相仿效，當之無愧地晉級「平價女王」。

在一些評論家看來，蜜雪兒這種混搭名牌和大路貨的風格不僅很現代，同時也反映了美國時尚界因時制宜的新風尚，是在經濟不景氣的情況下追求時尚的明智選擇。

美國女歷史學家桃莉絲·科恩斯·古德溫對蜜雪兒著裝風格的評價是：「她很

可能成為一個典範，告訴美國的中產階級，有些衣服並不貴，但穿起來也很棒。」時尚專家認為，在過去十年裡，名流的時尚讓全世界人看得眼花繚亂，目瞪口呆，

比如美國前第一夫人南茜・雷根喜歡洛杉磯設計師詹姆斯・格拉諾斯設計的高級服裝，從她的裝扮可以看出上世紀八〇年代社會財富豐裕的情形。但是她的風格對普通老百姓來說代價太昂貴，太不切合實際，而蜜雪兒的風格則更加平易近人，有可能幫助人們把目光拉回到現實世界中。因此，蜜雪兒將成為極具影響力的人，鼓勵婦女樹立自己的衣著風格，並思考服飾的選擇所能傳達的資訊。

紐約一家品牌顧問公司的老闆湯姆・朱利安評價說，蜜雪兒是美國第一位將大牌服裝和平民服飾混搭的第一夫人，為此，她將改變美國政治圈的服裝時尚。「我非常想知道她會選擇什麼衣服作為第一夫人的標誌性穿著，也許是休閒裝，也許會選擇一些黑人設計師的作品，來創造一個現代美國時尚。想想看，這樣一個充滿智慧、言辭犀利的女人，自己逛街買衣服，不聽從設計師，不迷信大牌，多麼讓人感到新奇啊。」

如今，已經身為第一夫人的蜜雪兒仍然延續著平價和大牌的混搭，而且她的混搭功力也實在是技高一籌，總是能夠突出時尚與魅力，是值得追求個性的都市麗人應該學習的楷模。

蜜雪兒的穿衣哲學——簡單大方

「她的裝扮個性十足，非常自信，她知道自己適合什麼……」
——《人物》雜誌

蜜雪兒的名字似乎總是與「時尚」分不開，她的著裝品味屢次獲得媒體的好評。《名利場》「年度全球最佳衣著人士」評選、《人物》雜誌二〇〇八年度十大最佳衣著品味女性、《花花公子》「最性感政治女性」的評選中，蜜雪兒都榜上有名。《人物》雜誌則這樣評價她：「她的裝扮個性十足，非常自信，她知道自己適合什麼。」

自從幫助歐巴馬競選開始，蜜雪兒就以她那品味高雅、自成一派的裝扮風格，帶給選民一次次驚喜。蜜雪兒成為美國第一夫人，更是引得時尚界異常興奮，從她的衣服到鞋子，從腰帶到項鍊，幾乎是從頭到腳都會受到熱議。蜜雪兒刮起的時尚旋風，吸引了成千上萬的美國女性爭相仿效她的衣著，瘋狂地搶購她穿的時裝。蜜雪兒懂得在不同場合選擇不同的著裝，並且讓一些數十年前的款式再度鮮活起來。

平心而論，蜜雪兒並不是傳統意義上的美人，但她既有內涵，又注重著裝打扮。在大選過程中，她利用各種機會顯示居家女人的質樸與優雅著裝，傳達出人人都適用的穿衣哲學——簡單大方就是美。

那套大名鼎鼎的「紫色戰衣」就是蜜雪兒穿衣的「成名之作」。歐巴馬戰勝希拉蕊贏得初選勝利時，蜜雪兒穿著的一襲紫色無袖真絲連衣裙，令人叫絕的是，她替這條裙子配了條黑色的腰帶、一條珍珠項鍊和一只手錶，當她在聖保羅舉行的慶祝集會亮相時，豔動全場。對於這身裝扮，美國媒體一致叫好，並認為很好地顯示出她在穿衣打扮方面的高雅品味。時尚雜誌《本質》的封面編輯泰勒認為，從蜜雪兒的穿著來看，她充滿了自信，紫色連衣裙加上不穿連褲襪的方式，彷彿表示「她已經準備好當第一夫人了」。

《紐約時報》評論說，紫色是由兩種基本顏色——藍色和紅色混合而成的，蜜雪兒選擇這種亮紫色「具有象徵意義」，象徵著將民主、共和兩黨「通吃」，寓意她的丈夫歐巴馬會贏得最後的勝利。

憑藉這款「紫色戰衣」，蜜雪兒在時尚界一舉揚名，同時也在時尚界掀起了一股「紫色風暴」——已被時尚界遺忘多年的紫色又復興了。在她的影響下，許多服裝品牌都推出了紫色系列設計。

此後，蜜雪兒每次在公共場合出現，總會帶給人們無限驚喜：一件黑白色無袖高腰連衣裙，配上銀色的平底鞋使整體色彩更加明亮；一件檸檬黃色無袖連衣裙，搭配綠色的胸花，淡金色的高跟鞋與精緻的手環相呼應，時裝感很強卻仍然優雅大方，看上去活力四射，美麗動人；一次慶典中，白色大項鍊，獨特的古銅膚色，使她在眾多身著白色禮服的美女中脫穎而出，成為焦點……可圈可點的著裝還有很多，但都突顯了一點——簡單。妳在她身上從來看不到繁複的裝飾，總是一貫的簡單雅致——通常都是裸袖連衣裙，配上一件胸針、腰帶、項鍊或者手錶，大大方方地露出健康有力的雙臂，顯得性感、自信而時尚。

整體說來，配飾要以「設計簡單，品質精緻」為原則，千萬別把自己掛得像棵聖誕樹。按「重質不重量」原則，寧可把錢存起來買名牌配飾，也不要盲目地追求時髦。因為時髦不見得適合每個人，何況真正有品味的人一定不會去抓流行的尾巴。在配飾的選擇上，鑽石固然炫眼，可是不及珍珠顯得有雅味。

女人都有愛美之心，也都有虛榮之心，不願意樸素地令人忽略。但是在在經濟危機的背景下，人們都在想辦法節省開支，愛美的女性追求華美的服裝、炫目的配飾只會為自己帶來更多的壓力，不妨妨學學第一夫人「簡單大方」的穿衣哲學，釋放別樣美麗。

聰明的女人，會用微笑讓世界低頭

「撇開時尚，撇開髮型，蜜雪兒留給我深刻印象的是那一口白牙。四十年如一日的微笑不改，堅毅，樂觀，聰慧可見一斑。」

——蜜雪兒的朋友

對於女人來說，臉上的表情比她身上穿的任何一件華麗的衣服都重要。

如果兩位姿色相當的女人，一個面若冰霜、一個面帶笑容，同時向妳請教一個工作上的問題，妳更歡迎哪一個？顯然是後者，妳會毫不猶豫地對她知無不言，言無不盡；而對前者，恐怕就恰恰相反了。

強悍的女人，用她的辯才讓對手服輸，而聰明的女人，會用微笑讓世界低頭。蜜雪兒經常出現在公共場合，需要經常面對媒體和大眾，無論是發表演說，還是出席晚宴，她的笑容總是燦爛美麗，露出整齊潔白的牙齒，彷彿在說，「我很快樂」「和你們在一起我很高興」，一下子就拉近與人們之間的距離。試想，如果她只是穿著時尚、妝容精緻，站在臺上不苟言笑，恐怕不會有那麼多選民給歐巴馬投票吧！

對一個女人來說，面部表情親切、溫和、充滿喜氣，遠比她化著高貴的妝容、穿著一套高檔華麗的衣服更吸引人，也更容易受人歡迎。笑顏表達了一種寬容、一種接納，它縮短了人與人之間的距離，使人與人之間心靈相通。喜歡微笑著面對他人的人，往往更容易走入對方的天地。

飛機起飛前，一位乘客請求空姐給他倒一杯水服藥。空姐很有禮貌地說：「先生，為了您的安全，請稍等片刻，等飛機進入平穩飛行狀態後，我會立刻把水給您送過來，好嗎？」十五分鐘後，飛機早已進入平穩飛行狀態。突然，乘客服務鈴急促地響了起來，空姐猛然意識到：糟了，因為太忙，忘記給那位乘客倒水了。

空姐來到客艙，看見按響服務鈴的果然是剛才那位乘客。她小心翼翼地把水送到那位乘客跟前，面帶微笑地說：「先生，實在對不起，由於我的疏忽，延誤了您吃藥的時間，我感到非常抱歉。」這位乘客抬起左手，指著手錶說道：「怎麼回事，有妳這樣服務的嗎？」無論她怎麼解釋，這位挑剔的乘客都不肯原諒她。

在接下來的飛行途中，為了補償自己的過失，每次去客艙為乘客服務時，空姐都會特意走到那位乘客面前，面帶微笑地詢問他是否需要幫助。然而，那位乘客餘怒未消，擺出一副不合作的樣子。

臨到目的地前，那位乘客要求空姐把留言本給他送過去。很顯然，他要投訴這名空姐。飛機安全降落，所有的乘客陸續離開後，空姐緊張極了，以為這下完了。

沒想到，她打開留言本，卻驚奇地發現，那位乘客在留言本上寫下的並不是投訴，而是一封熱情洋溢的表揚信：「在整個過程中，妳表現出的真誠的歉意，特別是妳的十二次微笑，深深打動了我，使我最終決定將投訴信寫成表揚信。妳的服務品質很高，下次如果有機會，我還會乘坐你們的航班。」空姐看完信，激動得熱淚盈眶。

對人微笑是高超的社交技巧之一，是一種文明的表現，它顯示出一種涵養。社交中，人們總是喜歡和個性開朗、面帶微笑的人交往，而對那些個性孤僻、表情冷漠的人，則總是敬而遠之。一個優秀的電視節目主持人、公關小姐、售貨員，他們深受人喜歡的奧祕，不是美麗的外貌，而是他們具有動人的微笑。世界名模辛蒂・克勞馥曾說過這樣一句話：「女人出門時若忘了化妝，最好的補救方法便是亮出妳的微笑。」

真誠的微笑透出的是寬容、是善意、是溫柔、是愛意，更是自信和力量。微笑是一個了不起的表情，無論是妳的客戶，還是妳的朋友，甚至是陌生人，只要看到妳的微笑，都不會拒絕妳。微笑讓這個生硬的世界帶來了嫵媚和溫柔，也對人的心靈帶來了陽光和感動。

把服裝變成女人最重要的「武器」

「就像賈桂琳當年做的那樣，蜜雪兒也透過自己的穿著打扮，傳遞出微妙的資訊。」

——《時尚》雜誌編輯哈米什・鮑爾斯

蜜雪兒不愧是大眾心中的新一代時尚偶像，她不但懂得如何把自己打扮得漂亮，更懂得把服裝作為幫助歐巴馬競選的「武器」。

身高一八〇公分、律師出身的蜜雪兒氣場強大，演講時思路清晰，言辭犀利，給人們留下了「戰士一般」的印象。但是隨著演講次數增多，她激烈的言辭和直言不諱的作風逐漸讓公眾產生厭煩，「硬」成了她的代名詞。

為了淡化這種印象，她以柔化形象、突出女性魅力為基調從穿衣打扮上開始改變，很快的就取得了很好的效果。例如，在一次民主黨全國代表大會晚宴上，蜜雪兒身穿一件藍綠色緊身裙，柔軟的面料，考究的做工，與古銅膚色相得益彰的顏色，軟化了蜜雪兒外露的不肯輕易妥協的「硬」，讓她變「軟」了，令所有人都感覺到了她的柔情一面。日漸柔和優雅的著裝，使蜜雪兒的支持者越來越多。

「對政治家來說，服裝有著很神奇的力量，能夠提升其政治形象。賈桂琳當年就靠自己的時尚著裝為丈夫的競選和任職幫了大忙。而現在，就像賈桂琳當年做的那樣，蜜雪兒也透過自己的穿著打扮傳遞出微妙的資訊。」《時尚》雜誌編輯哈米什·鮑爾斯這樣評價蜜雪兒在競選活動中的作用，可見蜜雪兒在利用服裝塑造得體形象方面確實頗為在行。

此外，根據《時代週刊》的一項調查：二〇〇〇年，十八到二十九歲的美國年輕人中只有百分之十三「關注總統選舉」；而二〇〇八年這個數字上升到了百分之七十四。分析人士普遍認為，產生這種現象的部分原因就是歐巴馬夫人很時尚。

和蜜雪兒一樣，對每個女人而言，服裝都能起到「武器」般的作用，下面這個事例雖然不是發生在女性身上，但它能夠充分說明服裝這種「武器」所能產生的價值。

美國商人希爾在創業之始，就意識到服裝對人際交往與成功辦事的作用。他清楚地認識到，商業社會中，一般人是根據一個人的服裝來判斷對方的實力的。因此，他首先去拜訪裁縫。靠著往日的信用，希爾定做了三套昂貴的西服，共花了二百七十五美元，而當時他的口袋裡僅有不到一美元的零錢。

然後他又買了一整套最好的襯衫、衣領、領帶、吊帶等，而這時他的債務已經達到了六百七十五美元。每天早上，他都會身穿一套全新的衣服，在同一個時間裡，在同一條街道上同某位富裕的出版商「邂逅」相遇，希爾每天都和他打招呼，並偶爾聊上一兩分鐘。

這種例行性會面大約進行了一星期之後，出版商開始主動與希爾搭話，並說：

「你看來混得相當不錯。」

接著出版商便想知道希爾從事哪種行業。因為希爾身上所表現出來的這種極有成就的氣質，再加上每天一套不同的新衣服，已引起了出版商極大的好奇心，這正是希爾盼望發生的情況。

希爾於是很輕鬆地告訴出版商：「我正在籌備一份新雜誌，打算在近期內爭取出版，雜誌的名稱為《希爾的黃金定律》。」出版商說：「我是從事雜誌印刷及發行的，也許，我也可以幫你的忙。」這正是希爾所等候的那一刻，而當他購買這些新衣服時，他心中已想到了這一刻以及他們所站立的這塊土地，幾乎分毫不差。

這位出版商邀請希爾到他的俱樂部，和他共進午餐，在咖啡和香菸尚未送上桌前已「說服了」希爾答應和他簽合約，由他負責印刷及發行希爾的雜誌。

希爾甚至「答應」允許他提供資金並不收取任何利息。發行《希爾的黃金定律》這本雜誌所需要的資金至少在三萬美元，而其中的每一分錢，都是靠那幾大新衣服作為「武器」上籌集來的。

希爾知道，成功的外表總能吸引人們的注意力，尤其是成功的神情更能吸引人們「贊許性的注意力」。所以他寧肯負債累累也要擁有考究的西裝，結果證明了他的判斷，這正是「佛要金裝，人要衣裝」「人靠衣裳，馬靠鞍」的最好注解。

對女人來說，所謂「三分姿色，七分打扮」，得體的裝扮猶如一支美麗的樂曲，它不僅能夠給自身提供自信，也能給別人帶來審美的愉悅；既符合自己的心意，又能左右他人的感覺，使妳辦起事來信心十足，一路綠燈。

灰姑娘如果不是那身驚豔的美麗衣裙，哪裡能一入場就吸引王子的目光？試想灰姑娘以平時的女僕裝赴宴，她還能獲得王子的邀舞嗎？答案當然是否定的。因此，女人要想給別人留下富有魅力的印象，就要在自己的衣著打扮上下工夫，善用服裝這個「武器」。

無論什麼場合，只穿自己買的衣服

「無論什麼場合，我都會穿自己買的衣服。」

——蜜雪兒‧歐巴馬

關於著裝，蜜雪兒贏得了時尚人士這樣的評價：「她既不會穿得過於隆重性感，也不會顯得小家子氣，每一次登臺亮相都會給人們帶來驚喜。」「最恰當的描述應該是永不過時。她總是選擇時尚而別致的衣服，她對服裝有著天生的敏感。」「她是優雅而成熟的，她是那種人穿衣，而不是衣穿人的人。」面對如此高的評價，蜜雪兒卻說她只是選擇適合自己的。

時尚是所有女人在穿衣打扮時都想追求的效果，怎樣才能做到呢？賈桂琳・甘迺迪給出的建議是：不要讓設計師來定義妳，讓他們給妳建議，然後妳根據自己的風格來選擇。這一點，蜜雪兒毫無疑問做到了。

對每個現代女性來說，服飾都是說不完道不盡的一門功課。一套合身與不合身的衣服穿在身上效果是截然不同的。一件合適的衣服能令人「顧盼生輝」，一件不合適的衣服則可能令美女也「黯然失色」。

可以說，服飾是關乎女人漂亮美醜的重要因素，一件合適的衣服穿在一個合適的女人身上，也許將帶來妙不可言的效果。在這個以瘦為美的時代，要怎麼選擇適合自己的裝扮呢？最重要的原則就是揚長避短。

1. 給人以身高正合適的印象

對於身高較低的女性，應該要注意選擇簡潔流暢風格的服裝，使身材顯得修長。素色衣料，全套服裝，包括鞋襪全部同色或相近色，統一的顏色可增加視覺上的高度；V字領、方領等顯露脖頸的領型，或者和服裝顏色對比強烈的衣領，都能達到修長身材的作用；長T恤式的衫裙、狹長不卡腰的衫裙、造型簡潔、狹長貼身的西褲，也有拉長身材的效果；顏色偏深的絲襪和高跟鞋會使雙腿更加修長動人。不要穿著大褲筒的喇叭褲、衣肩過寬的上裝，也不要穿長裙或低腰類的裙、褲和笨重的鞋子，以免降低人們的視線，暴露出身材上的缺點。

像蜜雪兒這樣身材比較高大的女性，則要注意柔化形象，避免給人過於強壯的感覺。應儘量選擇縱向，有條紋圖案的面料；服裝本身不要有過多的裝飾物，佩帶的飾物也不要雜亂無章，應該集中於一點；最好選擇的深V領的一件式連衣裙，不僅彰顯女人味，還能讓肩部輪廓不再明顯寬出。同時大V領把視覺焦點往下引導，可以起到拉長臉型的效果，這也是蜜雪兒的至愛選擇。

2. 運用單色調和色彩對比吸引眼球

蜜雪兒身高一百八十公分，骨架較大，氣勢很足。雖然也穿過格子套裝，但她通常會選擇單色調衣服出門。因為單色調衣服比較容易顯示出修長的身材，像紫色、白色、黑色、紅色與她的古銅膚色都比較相襯。

值得一提的是，蜜雪兒深諳穿衣製造「色塊」的技巧。雖然她在歐巴馬獲得總統大選勝利時當晚穿著的「紅黑色塊」服遭到爭議，但是就著裝來說，利用幾何圖案來製造強烈的顏色對比，製造出不同「色塊」，實際上是吸引目光的絕佳方法。

如果妳是個畫家，衣服也就像一張白紙一樣，可以任由妳加入顏色。蜜雪兒就懂得如何根據自己的氣質和膚色來加入顏色。於是，人們看到，她穿著一身紅色套裝或綠色套裝出席競選集會，或者穿著白色襯衣、灰色風衣與選民們見面。

3.讓亮點展現在衣服的細節上，而不是全身

如果仔細觀察蜜雪兒的著裝，妳會發現她對衣服的細節是非常注重的，正是這些細節，讓她與穿類似衣服的女性區別開來。例如，蜜雪兒曾穿著一身紅色套裙亮相芝加哥的競選集會，慶祝勝利的寓言不言自明。那套套裙的袖口被設計得寬大蓬

鬆，給傳統的套裝增加了活力，營造出莊重與活潑並重的風格。事實上，寬大袖口的衣服已經成為蜜雪兒的一個標誌性穿著。

時尚達人說，女人的衣服不在貴，不在多，在於是否適合。適合妳的衣服，即使是貴點，或者便宜點，穿在身上都是美的，就算妳一個季節只有兩、三套衣服輪著換，但件件都是「相映生輝」的，也勝過妳一天一件「掉渣」的衣服被扣分。是時候把逛街的時間和精力分一些來研究自己適合的裝扮路線了，找到適合自己的才能穿出最好的自己。

百變女王「發」散萬種風情

「我就喜歡那種高髻，簡單又自然，人們總是把高髻整得太緊了，這往往是錯誤的地方，老實說，越蜜雪兒式越好。」

——髮型師強尼・賴特

為了支持歐巴馬競選總統，蜜雪兒決定在形象上做一次變革，她的著裝品味越來越多地受到媒體的稱讚，但蜜雪兒深知，如果自己只是變換服裝，而髮型一成不變的話，也是會影響總統的支持率的。因此，自從為歐巴馬助選美國總統，蜜雪兒多次改變髮型，成為引領時尚的「百變女王」。

蜜雪兒的髮型與大眾印象裡黑人的卷卷頭或爆炸頭不同，她通常以直髮示人，偶爾恢復卷髮造型。據她的御用髮型師說，她這樣做是因為直髮比卷髮更能保持頭髮的亮澤，並且更易打理和變換造型。

蜜雪兒的確經常變換髮型。與奧普拉見面時向後梳攏、髮尾上翹的髮型輕鬆隨意；錄製電視節目時立體蓬鬆的髮型電力十足；就職典禮上的鮑伯頭簡潔大方；會見英國女王時的髮型頗具王室風範，還有挽在腦後的高髻低調實用，她有時還會用髮帶把頭髮繫起來顯得乾淨俐落。

蜜雪兒最令人驚豔的髮型是二〇〇九年夏天，讓人耳目一新的短髮造型。她的一頭黑髮看起來光鮮亮麗，一側頭髮被撥到耳後，瀏海則非常整齊地甩向一邊，有幾分頑童式女子短髮的味道，卻又顯得時尚而幹練。

第一夫人的形象要比一位巨星的形象更為重要，因為第一夫人代表的是一個國家的素養。蜜雪兒也不會例外，無論出現在什麼場合，她總是能保持光澤亮麗的髮絲、完美的髮型，讓我們在鏡頭前看到一位健康美麗的第一夫人。

女人的髮型通常有長髮、短髮、直髮、卷髮幾種，女人們在美髮店裡面對美髮師推薦的各種各樣的髮型，總是不知選擇哪種好？某些時候，有的女人看到明星或者其他人的髮型很好看，自己也效仿做了一個同樣的髮型，但做出來卻有東施效顰的感覺。實際上，髮型就像是一個相框，不同風格的照片配以不同風格的相框才會更美麗。女人要想美麗，一定要選擇適合自己的髮型。

1.選擇髮型最重要的就是要根據臉形，看看自己適合哪種髮型

橢圓臉形：是一種比較標準的臉形，許多髮型均可以適合，並能達到很和諧的效果。

圓臉形：圓圓的臉給人以溫柔可愛的感覺，較多的髮型都能適合，只需稍修飾一下兩側的頭髮就可以了，如長、短毛邊髮型、秀芝髮型，不宜做太短的髮型。

長方臉形：避免把臉部全部露出，瀏海做一排，儘量使兩邊頭髮有蓬鬆感，不宜留長直髮，如長蘑菇髮型、短秀芝髮型、學生髮型。

方臉形：方臉形缺乏柔和感，做髮型時應注意柔和髮型，可留長一點的髮型，如長毛邊或秀芝髮型。

正三角臉形：瀏海可削薄薄一層，垂下，最好剪成齊眉的長度，使它隱隱約約表現額頭，用較多的頭髮修飾腮部，如學生髮型、齊肩髮型。

倒三角臉形：做髮型時，重點注意額頭及下巴，瀏海可以做齊一排，頭髮長度超過下巴兩公分為宜，並向內卷曲，增加下巴的寬度。

菱形臉形：這種臉形顴骨高寬，做髮型時，重點考慮顴骨突出的地方，用頭髮修飾一下前臉頰，把額頭頭髮做蓬鬆，拉寬額頭髮量，如毛邊髮型。

2.髮型和髮質、髮量的關係也很密切

柔軟的髮質由於頭髮比較服貼，所以俏麗的短髮比較適合這種髮質，更能充分表現出個性美。

直硬的髮質如果剪得過短，就會豎起，所以頭髮粗硬的人不宜梳短髮。這樣的

髮質留中長度頭髮比較適宜。在做髮型以前，最好能用油性燙髮劑將頭髮稍微燙一下，使頭髮能略帶波浪，稍顯蓬鬆。如果做卷髮最好能用大號髮卷，看起來比較自然。同時盡避免複雜的花樣，做出比較簡單而且高雅大方的髮型來。

髮量少的人要表現出豐盈之美實屬不易，如果採用長直髮型，缺陷將暴露無遺。較好的方法是採用中短髮型，在髮根用中型髮卷進行燙髮，燙髮時間不宜過長，使頭髮形成較大的彎曲，使髮根微微直立。

自然卷曲的髮質如果將頭髮剪短，卷曲度就不太明顯，而留長髮則會顯示出其自然的卷曲美。

3.頭髮的顏色也是髮型中的重要元素

很多女人都討厭單一的黑色頭髮，會選擇各種各樣的顏色去染髮。如果妳沒有選好顏色，就會很不自然，還會突出妳的缺點。所以，想染髮挑選顏色最關鍵。

如果妳的膚色比較白皙，適合妳選擇的顏色則很多，如金棕色、亞麻色、栗色和紅色系等，這些顏色可以呈現出臉部的明亮感與透明感。

如果妳的膚色比較深，適合妳的色系有紅色與紫色，紅色系的髮色可以中和皮膚中的綠色調，使暗淡的皮膚變得光鮮；紫色系則可以中和皮膚中的黃色調，也能將膚色襯得更加明亮。此外，深栗色和深酒紅色、紅紫色也是妳不錯的選擇。

如果妳喜歡嘗試新鮮事物，妳不妨選一些比較炫目的顏色，如葡萄紅、淺紫色、藍色或金色都很出色。不過，像紫色、藍色、亞麻綠和金紅色，比較適合挑染，否則就會顯得有點誇張。

Chapter 7

擁有一流智慧，更要有一流氣質

帶著自信一路走來：「我最好的配飾是我丈夫」

「我最好的配飾是我丈夫，他叫歐巴馬，美國總統。」

——蜜雪兒・歐巴馬

無論在生活還是在工作上，思維敏捷、精明能幹的蜜雪兒都是歐巴馬不可或缺的賢內助。而蜜雪兒在沐浴著愛的陽光的同時，也非常自信。

一次社交聚會上，一群富家女子互相炫耀自己身上佩戴的珠寶首飾多麼值錢，衣著質樸，優雅從容的蜜雪兒說：「我最好的配飾是我丈夫，他叫歐巴馬，美國總統。」此言一出，珠光寶氣的富家女子們一下子安靜了下來，再也沒人說話了。

蜜雪兒的自信來源於她和歐巴馬的深厚感情，歐巴馬常常在公開場合親密地握著蜜雪兒的手前行，或當眾緊緊擁抱愛妻。歐巴馬夫婦被婚戀專家認為是模範婚姻的代表，他們注重家庭和親情，在事業上相互支持，在家庭生活上相互尊重。當歐巴馬在芝加哥格蘭特公園發表獲勝演說時，夫妻倆緊緊相擁，歐巴馬對蜜雪兒低聲耳語，蜜雪兒也悄悄對他說：「我愛你。」

很少有像蜜雪兒這樣為自己丈夫感到如此自豪的妻子，在大家都在追求名牌衣服、高檔化妝品、昂貴裝飾品的今天，有幾人可以驕傲地對別人說：我最好的配飾是我丈夫？

作為女人，最能顯示出一個人的品味和內涵的不是珠寶首飾，不是服裝配飾，而是她選擇了什麼樣的男人作為丈夫；而她又是如何幫助和管理自己的丈夫的。那才是她最應該值得驕傲的東西。

如果妻子因為趕不上丈夫前進的步伐，而被丈夫遺落在身後，那她並不是一個值得同情的人物。這種人通常不是太懶了，就是不肯用心利用圍繞在我們每個人身邊的、毫無止境的機會來改進自己。

美國電影協會會長，艾立克的夫人在文章中曾寫道：「婚姻幸福的真正關鍵，是跟上丈夫在事業中隨時改變的步伐。」艾立克夫人勸告那些想要趕上丈夫事業的太太們，要儘量參加社交活動以便擴展自己的交友範圍，千萬不要把交往的朋友局限在一個狹小圈子裡。她深有感悟地寫道：「也許妳會認為，妳的丈夫並不需要妳應付社交性的工作。就我們自身來說，剛開始的時候，艾立克也沒有這種事業。我們剛訂婚的時候，他正挨家挨戶地推銷真空吸塵器。那時候，我們兩個人誰也不知道艾立克將會有什麼樣的前途！我所知道的只是，總有一天，他將會出人頭地。」一個聰明的妻子，懂得在社交活動中，製造機會使丈夫表現出最大優點。我們就聽聽黛西是如何把她的丈夫從一名「隱士」變成一個喜愛參加宴會的人。

她說：「我丈夫一向是個熱心善良、受人喜愛的人，但是，只有他親近的朋友才知道這一點，因為他很少主動去認識新朋友。由於他的自我意識很強，從表面上看起來人們會覺得他有點冷漠，而且性格沉悶。我希望人們會喜歡和重視他，但我應怎麼做才好呢？」

「當面提醒他，只會使他更加難堪而已。所以我想出了一個計畫，要在他不知情的情況下改變他。由於攝影是他的嗜好，不管我們到哪裡，我就想辦法找個喜愛攝影的人，並把這個人介紹給他，讓他們成為具有共同愛好的好友。談論相同的嗜好，很容易使他忘記了自己，不自覺地表現出他真正的個性。逐漸地，當他談起其他話題時，也會感到容易多了。有時，碰到新朋友時，我會為他做些重點提示，使他找到談話的線索。由於我的努力，我丈夫現在整個人都改變了。現在他變得喜歡認識新朋友。大家都認為這是一個奇蹟。每當有人對我說：『天哪，妳丈夫實在了不起。』的時候，我就覺得十分驕傲和快樂。」

每一個女人都有責任訓練自己，這樣，她就可以使男人成功的機會大大地增加。如果一位妻子天生就有這種能力，那真是太好了。如果沒有，她就必須學會這些能力。不要以為妳的丈夫現在做的只是毫不起眼、比較低層的工作，所以就覺得無須妳來幫他什麼。這種想法是要不得的，要知道，凡事都有個過程，沒有誰一開始就站在頂峰的，那些活躍在各界的領導人物，之前也都是些毫無名氣、沒人知道的年輕人而已。妳是否已經準備好如何應對十年、二十年或是三十年後妳丈夫已經成功的局面？或許到那時候他已經是個頂尖人物了也說不定。

當妳透過自己的努力幫助丈夫取得成功的時候，當妳丈夫擁有別人無法比擬的光環的時候，妳可以的驕傲地說「他是我丈夫」，可以毫不羞澀地承受別人羨慕和贊許的目光，這才是作為一名妻子最好的配飾！

「不想成為任何人，我只想做蜜雪兒．歐巴馬」

「我不想成為任何人，我只想做蜜雪兒．歐巴馬。」
——蜜雪兒．歐巴馬

「第一夫人」是個如此耀眼的頭銜，一旦戴上這頂桂冠就意味著妳在光輝閃耀的同時也要準備好被媒體和大眾評頭論足一番。

媒體則總是熱衷於拿歷史上的各位夫人互相比較。對於蜜雪兒，有媒體認為，跟美國歷史上有名的第一夫人相比，在事業成功和智慧方面，蜜雪兒堪比希拉蕊．柯林頓，在家庭的經營方面，蜜雪兒不輸蘿拉．布希，而在著裝時尚方面，蜜雪兒媲美賈桂琳．甘迺迪。然而蜜雪兒卻只願「做自己」，她說：「我不想成為任何人，我只想做蜜雪兒．歐巴馬」。

歐巴馬開始參與競選之初，蜜雪兒並沒能像其他候選人的夫人或丈夫那樣給予老公有力的支援。這一點並不奇怪，當初歐巴馬在政壇嶄露頭角的時候，人們對於這個黑人政客也是毫無瞭解，現在這個黑人總統競選人的夫人一夜之間進入人們的視野後，除了不瞭解還是不瞭解。

看看民主黨總統候選人希拉蕊身後站的是誰就可以一較高下了——美國前總統柯林頓。再看看另一位民主黨總統候選人約翰．愛德華的妻子伊莉莎白，為自己夫君的競選活動跑前跑後堪稱團隊第二統領，也時常因為發表一些針對反對者和競爭者的言論而占據各大媒體的顯著位置。

蜜雪兒則全然不同，她在丈夫競選活動初期所展示的形象，完全是顛覆性的和反傳統的，她在公開場合中談論自己丈夫的一些個性問題時，從來沒有任何的不安和掩飾，在表達政治觀點時也不會猶猶豫豫、閃爍其詞，她甚至在電視臺的談話節目裡直言不諱地說自己的老公長著一對大耳朵，還有一個滑稽的名字，吃麵包時抹完黃油也不記得把它挪到一邊，他也不知道該怎麼鋪床……諸如此類。於是不禁有人要問：假如她的丈夫有朝一日真的當選為總統，她能成為合格的第一夫人嗎？

有媒體將伊莉莎白對於自己丈夫的保護和支持比做舐犢情深般的關懷，與之相比起來，競選之初的歐巴馬似乎非但沒有享受到這樣的特殊照顧，反而經常在競選集會上數落丈夫的不是與各種小毛病，讓更多的人瞭解真實的歐巴馬。

蜜雪兒就是如此的有個性，她只想做自己，那麼認真地做自己，不管被別人怎麼說，永遠保持著自己的本色。「我不想成為任何人，我只想做蜜雪兒・歐巴馬。」多麼平實而又豪邁的宣言！

心態從容的女人，能把握好自己生活的節奏——想讓它快一點就快一點，讓它慢一點就慢一點。她會是心裡常常會有滿足感的人，自己保持健康、美麗，和朋友相處融洽。成熟、理性，無時無刻都知道自己想做什麼，這一點對於一個女人來說很難得。

每個女人都沒有必要成為別人的複製品或者「XX第二」，最重要的是做好自己，做最好的自己。不要太自己，做到儘量尊重自己內心的感受，不想做的絕不敷衍，在這個基礎上，服從自己的選擇。

瞬間俘獲人心的說話術——平易近人

「我和所有的母親一樣，在事業和家庭的雙重角色之間掙扎、疲於奔命。我最能理解這些母親的心。」

——蜜雪兒・歐巴馬

親切自然的談吐是蜜雪兒贏得讚美的重要原因之一，她總能以那平易近人的口吻瞬間俘獲人心。

能做到這一點，是因為蜜雪兒總是能放下身段站在別人的角度理解他人，聰明地判斷出在什麼時候該說什麼話，以及應該如何樣說，獲得他人的肯定。

不論是在演講中還是在訪談中，蜜雪兒總是像「鄰家媽媽」那樣和聽者拉家常，讓選民驚呼「她跟我們很像」。她在演講中說「我和所有的母親一樣，在事業和家庭的雙重角色之間掙扎、疲於奔命。我最能理解這些母親的心。」而提到兩個女兒時，言辭中無法掩飾的母愛，更使得眾多美國普通家庭愛上了這個和他們有著相似生活經歷，和相似情感方式的家庭。

當身處人群中時，她講話更是真情流露。有一次在走訪學校中，她對學生們說：「這裡有這麼多被埋沒的鑽石。在世界的每個角落，到處都有像你們這樣的寶貴的社會財富。」鼓勵他們對自己有信心。

在讚揚黑人少女們精采的文藝表演時，蜜雪兒也沒有忘記鼓勵大家不要被身邊的困難嚇倒，要意識到作為一個女性的社會責任。「如果我在妳們這個年齡的時候，有人說我會成為美國第一夫人，我死也不會相信的。」「但是大家看，這不是不可能的。」話說到這裡，蜜雪兒已經明顯動了感情，淚花盈盈。「得到良好的教育是非常重要的。因為從街區、社區到城市和國家，婦女的受教育程度和婦女的整體水準，最終將決定這個社會的健康與文明程度。」

蜜雪兒的談吐，就是這樣平易近人，自然而不做作，隨和而又充滿機敏，透露出一種權威感，由此產生一種無形的魅力，一點一滴地贏得了選民對歐巴馬的信心，在他們的心裡產生連鎖反應，在不知不覺中被吸引、被征服。

廣受歡迎的女人都是言談舉止很講究的女人，她們的一言一行都釋放出女人高雅脫俗內在精神氣質和修養，放射出女性的魅力、能量和吸引力，像一種磁場感應，吸引人們聽她說。怎麼才能像蜜雪兒那樣談吐優雅，給人留下平易近人的印象，獲得好人緣呢？不妨借鑒下面的建議：

1.放低聲音，讓音調溫婉柔美

古人說：有理不在聲高。溫柔的聲音，娓娓動聽，像高山流水的音樂，美妙絕倫；如林中清脆的鳥聲，悅耳動聽；如飄溢流香的酒，沁人心脾。溫柔的聲音是世界上最美麗動聽的音樂，令人陶醉。

2. 說話的內容文雅得體

女人文雅的談吐，是女人聰明、有教養、才智的展現。一個美麗的女人，講出滿口粗俗的話，一定令人失望；一個既不美麗又滿口髒話的女人，到哪裡都會令人反感。優雅得體的言談要注意說話的語速、語氣、語調，說話的內容要注意場合，切忌在公眾場合高談闊論，手舞足蹈。女人講話可以適當地使用肢體語言，但是過多的動作就會適得其反。

3. 說話要充滿溫情和感性

有感情的說話像一縷陽光，感動人們的情懷；飽含溫情的聲音，如一縷春風，溫暖人們的胸懷。發揮女人與生俱來柔情似水的天性，去製造聲音抑揚頓挫、欲言又止的磁場，在磁場裡，女人的感性將成為一個被關注的焦點，產生強大的磁力。

4.應對別人的挑戰要伶俐而敏捷

女人說話一般不要咄咄逼人，更不要和別人口唇槍舌戰，但是這並不是說女人就應該忍氣吞聲，沒有反駁與辯解的權利。女人發揮才思敏捷的本事，說話有條不紊，有膽量、有膽識地應答如流，到哪裡都受歡迎。

平易近人的談吐就像大樹的葉子，翠綠的顏色讓人心曠神怡，對於女人而言，這樣的談吐方式能讓別人從妳的一言一行中感受到妳的修養和能力，讓妳的本色氣質滲透到每一個舉動每一句話語中，是十分值得修煉的說話藝術。

靠修養和內涵突顯自己的存在

「她的存在使得屋子裡熱鬧起來。她的舉止非常優雅，妳能感受到她的存在，而不是像其他政客身後那個羞澀、不言政事的妻子。」

——艾布納・米克沃

和眾多第一夫人一樣，修養和優雅是形容蜜雪兒不得不提的詞，她的美從骨子裡散發出來，總是能輕易地讓人著迷。

「她總是很有型。一直是個好女孩，對老人彬彬有禮，說話時帶著笑容，非常有教養，也總是那麼恬靜。」住在蜜雪兒家後面的鄰居克萊迪特，描述她印象裡的蜜雪兒時這樣說道。

在歐巴馬擔任伊利諾州參議員時，歐巴馬夫婦曾邀請前聯邦法官、歐巴馬的朋友兼政治導師艾布納・米克沃和妻子及其他五、六個朋友到家裡做客，蜜雪兒讓米克沃留下了深刻的印象，他說：「她的存在使得屋子裡熱鬧起來。她的舉止非常優雅，妳能感受到她的存在，而不是像其他政客身後那個羞澀、不言政事的妻子。」

對於歐巴馬競選總統的勝利，有人這樣說：如果說歐巴馬戰勝了老人對手麥凱恩，是因為他年輕，那麼，戰勝女人對手希拉蕊，則是因為他有個好太太！蜜雪兒無疑是一個集感性與知性、專業與教養、賢慧與性感於一身的完美女人，讓美國人民更瞭解她丈夫歐巴馬的品味、他的婚姻觀念、他的生活態度，以及他對女性的期待——選擇什麼人結婚，意味著選擇什麼樣的生活方式。

因此，當蜜雪兒帶著一對可愛的女兒從客廳裡笑著跑出來的時候，後面跟著的是那歡樂又興奮的狗，自然也跟著那數以萬計追求溫暖、感性與活力生活的選民。

一個女人可以長得不漂亮，但一定不能不注重修養。歲月可以侵蝕掉花容月貌，但卻不會使一個人的修養有絲毫的減損。修養只會愈久迷香，智慧的女人都很注重充實內心世界，注重心靈鍾煉，讓美好的氣質在自己的身上、自己的心中生根發芽。我們可以從宋慶齡身上看到注重修養散發出的人格魅力。

宋慶齡是中國近代偉大的革命者之一，也是國際上公認的「二十世紀最偉大的女性」之一。她出身名門，畢生致力於民族和世界人民的事業，為人民解放、民族團結、國家統一、國際友好、世界和平、婦女進步與兒童福利事業的發展做出了巨大的貢獻。然而，接觸過她的人都知道，具有偉人而崇高風範的她，也是一位極其優雅的魅力女性，而這都源自她青年時代的自我充實和自我培養。

宋慶齡少年時是個美麗而靦腆的小姑娘。她年僅十五歲，就遠渡重洋到美國讀書。在美國學習期間，她除了學好學校規定的課程外，還經常到圖書館借相當多的歷史、文學、傳記等書籍來看。這時，她的智慧修養的形成，不僅源於良好的家風家教和先進的學校環境，更源於她酷愛讀書的生活品味。

宋慶齡升入大學後，更加勤奮好學。她學的專業是文學，但同時對歷史、哲學也表現出濃厚的興趣，孜孜不倦地閱讀大量歷史、哲學方面的書籍，博聞強記，尋奧探奇。在知識海洋的暢遊中，她進一步成長為一個與眾不同的女孩。

經過了青年時代的不斷學習和修煉，進步思想和崇高的人生觀在她的頭腦中已經深深紮下了根。她言談舉止中無不流露出一種優雅的氣質。也正是青年時代的這種自我培養，奠定了她日後一生做人的氣質和風格，使她能在後來的人生抉擇中堅持原則、不受利誘、不計利害，形成了最高境界的人格魅力。

對於女人來說，修養和內涵是骨子裡散發的美，是獲得優雅的唯一途徑，妳所受的教育、妳的自身修養以及妳的美好天性的培植與發展，是人的個性的完整展現和融合，每個人所能培養出的修養和內涵，只能屬於她自己。永遠不要忘記，來自內心的優雅是形成永不消失的魅力原動力。

率真感性是女人最性感的個性

「她踢掉鞋子，抱著爆米花，對著裡面的大帥哥垂涎欲滴，她那麼大聲而美妙地笑著。」

——蜜雪兒朋友的評價

蜜雪兒是一位個性健康的女人，真摯誠懇，從不矯情、造作。與夫人情趣相投的歐巴馬給人感覺是那麼真實而親近，這和蜜雪兒的感性影響和渲染有著很大的關係，她是第一個爆料自己丈夫不會整理床鋪、亂丟東西的第一夫人，這些小細節為歐巴馬平添幾分人情味。

蜜雪兒在拉選票的過程中基本不談政策綱領，主打人性牌，大談歐巴馬睡覺鼾聲大、早上起床時口臭令女兒不敢接近等趣事。即使夫妻一起上電視做節目，也是可以談笑風生，彼此打趣，不時自然而然地顯露出很淳樸、單純的一面，總之，盡顯「不做作」的率真性情。記者問獲勝後的歐巴馬：「獲勝後，太太說了什麼？」歐巴馬幽默地說：「她說『那你明早上還送女兒上學去嗎？』」蜜雪兒聽後大笑：「我沒說，我可沒這麼說啊！」夫婦倆眼神裡交流的是真摯的感情，默契而生動。

在剛剛宣誓就職的歐巴馬前往加拿大訪問期間，蜜雪兒在白宮邀請助理瓦萊麗•賈勒德和其他女性工作人員，參加了一個只有女孩子才能參加的「浪漫喜劇放映會」，她們觀看了《他其實沒那麼喜歡妳》和一些別的影片。「她踢掉鞋子，抱著爆米花，對著裡面的大帥哥垂涎欲滴……」其中一位客人說，「她那麼大聲而美妙地笑著。」

——看起來，蜜雪兒在白宮開始了她的幸福生活。

蜜雪兒成功而舒展地演繹出一個現代都市女人的才情，有愛、有自我、有恪守的美德，即使現在貴為世界上最矚目的第一夫人，光環之下，她仍然洋溢的是親切而真實的風華與幸福。

一個女人可以把『太太』兩個字經營得如此曼妙多姿，真的不簡單，這是她最獨到的智慧與美麗。在這個複雜喧鬧的社會中，如果要擁有永遠的幸福，我們就不能夠讓自己的精神變得衰老、遲鈍或疲倦，而要像蜜雪兒一樣始終以率真的態度去面對生活。

要想活出自己獨一無二的精采人生，怎能做他人的「副本」？在這個百花爭放的「她時代」花園裡，妳要堅守自己的個性，不盲從他人的美麗，從靈魂深入去認知自己，盡情地釋放妳的勇敢、妳的美麗、妳沁人的芬芳。妳要堅信，妳就是這個人生花園中的一朵奇葩，妳有著獨一無二的美麗，世界因為妳的存在而分外美麗。每個女人都擁有自己獨特的美，要善於挖掘妳這份獨一無二的美麗，讓它透過妳的言談舉止及衣著打扮，感染他人的靈魂。浪漫的女人，就是要敢於做本色的自己，在生活的道路上一路高歌熱舞，活出漂亮的自我來！

樂於接受屬於自己的一切

「我甚至彎著背走路……而蜜雪兒從來沒把自己的身高放在心上。」

——蜜雪兒母親瑪麗安

蜜雪兒母親瑪麗安身高五英尺八英寸，在女性中算是名副其實的大個子。瑪麗安對於這一點一直耿耿於懷，總是像個十幾歲的孩子一樣稍稍彎腰駝背，因為她自己意識到她高於常人。

然而，蜜雪兒從來不自卑，她總是樂於接受屬於自己的一切。和媽媽不一樣，蜜雪兒總是站得筆直，甚至到她長到足足五英尺十一英寸高時也一樣。

蜜雪兒的自信也表現在其他方面。當她想發表意見時，蜜雪兒也從不猶豫，這是一個讓媽媽欣喜的個性。

「我總是因為不能說出我的感受，而感覺很鬱悶。」瑪麗安回憶道，「我總是感到，我這是怎麼了？為什麼不能表達我的感覺？蜜雪兒對事情總是有自己的判斷，也總是毫不猶豫地說出來，因為我們鼓勵她這樣做。」

事實上，像蜜雪兒一樣受歡迎的人大多擁有同一種特質——首先自己接受自己，然後使別人接受自己。

他們懂得在生命中出現的很多東西是不能夠改變的，也不能因為出現了與別人不同的東西就放棄原有的幸福，所以要學會善於平衡自己的心態，做自己想做的事，說自己想說的話，接受屬於自己的一切。

荷蘭阿姆斯特丹有一座十五世紀的教堂遺跡，有這樣一句讓人過目不忘的題詞：「事必如此，別無選擇。」在我們有生之年，我們所經歷的很多遭遇，它們是不可逃避的。為此，我們所能做出的唯一選擇，就是接受不可避免的事實做自我調整，抗拒不但可能毀了自己的生活，而且也許會使自己精神崩潰。

顯然，決定能否給我們快樂的不是所處的環境，而是我們對事情的反應。「事必如此，別無選擇」，不少名人志士都很重視這一道理。英王喬治五世在白金漢宮的圖書室就掛著一句話：「請教導我不要憑空妄想，或作無謂的怨歎。」

顯然，歎息和傷感都是無用功，事實已經發生，我們為何不調整心態，微微一笑，然後勇敢面對當下，正如現在的一本暢銷書的書名一樣，做人，是「活在當下」，對那些無力改變的事實，停止過多的憂鬱和抱怨吧，用微笑的心態面對那些沒有辦法改變的事情，妳會發現更多當下的美好！

二十世紀八〇年代名叫安德森的模特公司經紀人，看中了一位身穿廉價產品、不拘小節、不施脂粉的大一女孩。

這個女孩來自美國伊利諾州一個藍領家庭，唇邊長了一顆大黑痣。她從沒看過時裝雜誌，沒化過妝，要與她談論時尚等話題，好比是對牛彈琴。每年夏天，她就跟隨朋友一起，在德卡柏的玉米地裡剝玉米穗以賺取來年的學費。

安德森認為這個女孩是一塊可以雕琢的璞玉，決定將這位還帶著田野玉米氣息的女孩介紹給經紀公司，結果遭到一次次的拒絕。有的說她粗野，有的說她惡煞，理由紛紜雜沓，歸根結底是那顆唇邊的大黑痣。

安德森幫女孩做了一張合成照片，小心翼翼地把大黑痣隱藏在陰影裡，然後拿著這張照片給客戶看，客戶果然滿意，馬上要見真人。真人一來，客戶就發現不對勁，當即指著女孩的黑痣說：「妳給我把這顆痣點掉。」

當時，鐳射除痣其實很簡單，無痛且省時，女孩卻說：「對不起，我不能答應。」安德森看著堅定的女孩，忽然有種奇怪的預感，他下了決心要把女孩和黑痣推銷出去，他信心十足地對她說：「妳千萬不要點掉這顆痣，將來妳出名了，全世界就靠著這顆痣來識別妳。」

果然數年後，這個女孩紅遍歐美，日入收入達兩萬美元，成為天后級人物，她就是超級名模辛蒂・克勞馥。她的長相被譽為「超凡入聖」，她的嘴唇被稱作芳唇（從前或許有人叫過驢嘴），芳唇邊赫然入目的，是那顆今天被視為性感象徵的桀驁不馴的、獨一無二的大黑痣。

成名之後，辛蒂·克勞馥回憶起這件事的時候說：「小時候，我一點都不喜歡那顆黑痣，我的姐妹們都嘲笑它，而別的孩子總說我把巧克力留在嘴角了。那顆痣讓我覺得自己和別人不一樣。

後來，我開始當模特兒，第一家經紀公司要我去掉那顆痣。但母親對我說，妳可以去掉它，但那樣會留下疤痕。我聽了母親的話，把它留在臉上。現在，它反而成了我的商標。只有帶著它到處走，我才是辛蒂·克勞馥。很多人跑來對我說，她們過去討厭自己臉上的小黑痣，但現在她們卻認為那是美麗的。」

每個女人都該知道，在這個世界上，妳是自己最要好的朋友，妳也可以成為自己最大的敵人。在悲喜兩極之間的抉擇中，妳的心靈唯有根植於積極的樂土，妳的自信才能在不偏不倚的自愛中獲得對人對己的寬宏，達到明辨是非的準確。學會從內心善待自己，妳會覺得陽光、鮮花、美景總是離妳很近。妳平和的心境是滋養自己的優良沃土。樂於接受屬於自己的一切，不論妳過去是否喜歡，這將會為

Chapter 8

「不愛競選活動，更愛平淡日子」

晚上九點三十分就寢，「足夠的睡眠很重要」

「足夠的睡眠是很重要的。」

——蜜雪兒・歐巴馬

近幾年，不少名人紛紛英年早逝，究其原因是心繫工作、疲勞奔波、嚴重缺乏睡眠等誘發了疾病，媒體稱之為「過勞死」。

醫學專家提醒，在競爭日益激烈的今天，每個人身上的精神壓力都不小，人們要改變不合理的生活習慣，科學地使用大腦，設法提高用腦效率，適當參加體育鍛鍊和文化娛樂活動，進行積極休息。提防此類疾病的發生。

對於女人來說，足夠的睡眠尤其重要，不但有益於身體健康，還有保養皮膚、維持好氣色的功效。在這方面，第一夫人蜜雪兒頗有一番經驗。第一家庭的生活雖然十分忙碌，但蜜雪兒在白宮的生活卻很有規律，通常是早上五點三十分起床，晚上九點三十分就寢。這是從小就養成的早睡早起習慣。

蜜雪兒還為家人的飲食做出了許多改變。她很喜歡吃薯條和漢堡，但為了家人健康，他們的飲食中沒有加工食品，也減少引用含糖精的飲料、多吃水果和蔬菜等。同時她說，足夠的睡眠是很重要的。

人的一生當中，大概有三分之一的時間都是在睡眠中度過的。睡得好不好，與健康息息相關，但調查顯示，有不少人患有睡眠障礙或和睡眠有關的疾病，成人中約有百分之三十出現睡眠障礙。因此，國際精神衛生組織將每年的三月二十一日定為「世界睡眠日」。

睡眠可消除疲勞

在睡眠過程中，因為大腦停止了接受外界的各種刺激，穩定了神經系統的平衡，能抑制細胞功能的毀壞，可使疲勞的細胞逐步恢復功能。

睡眠可調整內臟機能

人在睡眠過程中，多數肌肉鬆弛，心跳、呼吸減慢，胃腸道分泌減少，各臟器生理功能減弱，均處於代謝低、活動少的狀態。由於償還了在醒覺時活動所累積的「氧債」，各臟器的生理功能得到了恢復和調整，因而對健康長壽十分有益。睡眠可儲備新的能量，為人體的生命活動提供良好的物質保證。

拿破崙素以精力旺盛、不知疲倦而著稱，他每天只睡四小時。不過他十分善於休息，有時在兩次接見活動的五分鐘間隔裡，他也可以打個盹，讓精力恢復。

英國前首相邱吉爾事務繁重，他每天夜裡睡眠不足四至五個小時，但始終精力充沛。其中的奧妙在於他每天午飯後必睡一小時，晚飯前還要睡兩小時，醒後又接著辦公。也就是二十四小時內他睡三次，不是等到精疲力竭時才休息。這種化整為零的主動休息，使他整天都保持充沛的精力。

柴契爾夫人一天只睡四小時。一旦她體力不支感到暈眩時，她的助理只得去找把椅子給「鐵娘子」小憩一會兒。

愛因斯坦特別嗜睡，他基本上每天都睡十小時以上。

石油大亨老洛克菲勒是全世界最富有的人之一，他活了九十八歲。他的長壽不僅因為遺傳因素，還因為他每天中午在寫字間小睡半小時的習慣，他就躺在寫字間的沙發上，即便是美國總統打電話來，在他瞌睡的時候也不會去接。

專家建議，要想擁有健康的睡眠，需注意以下要點：

1. 堅持有規律的作息時間，在週末不要睡得太晚。如果妳週六睡得晚，週日起得晚，那麼週日晚上妳可能就會失眠。

2.睡前勿猛吃猛喝。在睡覺前大約兩個小時吃少量的晚餐，不要喝太多的水，因為晚上不斷上廁所會影響睡眠品質；晚上不要吃辛辣的富含油脂的食物，因為這些食物也會影響睡眠。

3.保持室溫稍涼。臥室溫度稍低有助於睡眠。

4.大睡要放在晚間。白天打盹可能會導致夜晚睡眠時間被「剝奪」。白天的睡眠時間嚴格控制在一個小時以內，且不能在下午三點後還睡覺。

5.睡前洗澡。睡覺之前的一個熱水澡有助於妳放鬆肌肉，可令妳睡得更好。

6.不要依賴安眠藥。在服用安眠藥之前一定要諮詢醫生，建議妳服用安眠藥不要超過四週。

7.舒適的床。一張舒適的床給妳提供一個良好的睡眠空間。另外，妳要確定床是否夠寬敞。

8.保持安靜。關掉電視和音響，因為安靜對提高睡眠品質是非常有益的。

9.睡前遠離咖啡和尼古丁。建議妳睡覺前八小時不要喝咖啡。

10.選擇鍛鍊時間。下午鍛鍊是幫助睡眠的最佳時間，而有規律的身體鍛鍊能提高夜間睡眠的品質。

女人的美也是需要充足的睡眠來保障的，規律的生活，充足的睡眠，不僅讓妳看上去更健康，更有活力，而且可以增加妳的自信，讓妳看上去更有魅力。規律生活，早起早睡，養成良好作息習慣，並不難，就看妳想不想改變，想不想擁有更加健康自然的生活。

學會給自己減壓，拒絕做「憤怒的太太」

「我不能總處在發狂的狀態，否則就成了瘋狂的媽媽、憤怒的太太。」

——蜜雪兒・歐巴馬

忙碌一直是蜜雪兒生活中的一大主題，曾經有很長一段時間裡她精疲力竭整天焦頭爛額。她意識到，如果不學著幫自己減壓，事情只會變得越來越糟糕。「我不能總處在發狂的狀態，否則就成了瘋狂的媽媽、憤怒的太太。」蜜雪兒對《芝加哥論壇報》的記者這樣說。

蜜雪兒不再只圍著丈夫和孩子轉，她學會了經常讓自己放放假，堅持每週五去做頭髮、修指甲。每個週末，蜜雪兒還會約朋友，帶著孩子一起去玩，然後出去吃飯或者看電影。每個星期，她有三天會去健身房鍛鍊，每次大約一個半小時，跑步、舉重，騎自行車，總讓自己累得一身汗。

鍛鍊的時候，她會約朋友一起去，有時候她會找一位健身教練。對蜜雪兒來說，去健身房不僅是一種鍛鍊，也是一種心理治療。蜜雪兒嘗試用各種方式改變自己，嘗試著自己給自己減壓，她已經明白是，在這一點上，任何人都幫不了妳，妳必須靠自己去解放自己。

漸漸地，她感到有了一定的自由度，並開始考慮換一份工作。當芝加哥大學醫院院長麥克・賴爾登邀請她做社會事務部執行董事時，她通過了面試，獲得了這份起薪十一萬美元的工作。開始著手在芝加哥大學醫院系統，繼續推行她在大學主校區所取得的成就。

蜜雪兒在心態和生活方式上的調整，讓她找回了自我，重新變得快樂起來。

在這段時間，西德利・奧斯丁律師事務所的前同事瑪麗・卡拉格曾兩次遇到蜜

「不愛競選活動，
更愛平淡日子」

雪兒。卡拉格後來說，蜜雪兒給她的印象是，她很充實和快樂。有一次，卡拉格還感歎地說：「妳現在的生活真棒」。而蜜雪兒的回答是：「我知道。」

像蜜雪兒一樣，現代社會的人們活得都很累。在主流意識裡，我們這一代人，甚至很多代人都曾受過珍惜時間的教育。「一寸光陰一寸金」，「時間就是金錢，效率就是生命」，「浪費別人的時間，等於謀殺生命」等口號，我們已經聽了好多年，可是也慢慢地開始產生有了懷疑，我們這麼珍惜時間，拼死拼活地工作到底是為了什麼？

說穿了，我們神經緊繃、忙忙碌碌最終也只是為了生存，生存而已。要是純粹用經濟眼光去衡量，一個人只睡四個小時，剩下的時間都在工作，在創造價值，這才划算。

可是當累到了極限的時候，我們開始懷疑並嫌惡這樣的生活和這樣的演算法。因為一個個過勞死的例子，已經以他們的生命教訓告訴了我們：累死累活不一定會有很多錢，即使有了很多錢，人都累死了還有什麼用？如果，一天中有幾小時的時間能被自己悠閒地打發掉，那才算比較幸福。

而現代女性在事業和家庭中面臨著前所未有的壓力，也促使女性不斷地反思該如何平衡自己，這是每個想要愛情事業雙豐收的女性所面臨的一個巨大挑戰。

我們已無從考證，究竟是根據什麼理由，把無條件犧牲當做女人的美德。很多女人，以要照顧親人作為拋卻理想、夢想和欲望的理由，忘記追求，忘記進取，到最後甚至連自己都給忘掉。

看似每天都忙忙碌碌，全身心地付出，可能真正得到的理解卻並不多。心情抑鬱不歡，臉上的笑容越來越少，家人的情緒被影響，老公、孩子的心都離她越來越遙遠，受了那麼多罪最終沒有一點好處，最後獨自黯然神傷，這樣的女人真是得不償失。只能希望並祝福她早點變得聰明起來，學會自己替自己減壓，對自己和親人都是解脫。

可以每天抽出一點時間來培養自己的業餘愛好，做一些自己喜歡做的事情，不僅有助於豐富我們的才情，還可以為我們忙碌的生活增添一分情趣。做自己喜歡做的事，可以讓妳忘記周圍的一切煩心事，讓心情徹底放鬆，讓大腦重新清醒，進而在面對工作和生活時能夠做出理智的決斷。

學會自己給自己減壓，首先要學會把自己放在第一位。

把自己放在第一位，想吃就吃，想穿的時候就去買件新衣服，找個時間好好打扮自己，讓自己永保青春，時時保持好心情。

把自己放在第一位，不懈地追求自己的理想，努力實現自己的夢想。把在廚房的時間減少一些，有空約自己的朋友喝喝茶，聊聊天，去戶外走走，看看久違的風景，重拾原有的自信。只有自己把自己當回事，別人才會把妳當回事，才能被別人看得起；只有自己把自己照顧好了，才更有資格去照顧別人。

把自己放在第一位，好好對待自己，不要在生活中迷失自己。心情不錯時，可以隨時改變自己。

約翰・藍儂曾經說過，當我們正在為生活疲於奔命的時候，生活已經離我們而去。過大的生活壓力，過快的生活節奏使我們在不知不覺中失去了平靜，怎麼按也難以按下那股浮躁、不安和焦灼，健康狀況也極度惡化。大家都忙著趕路，卻根本來不及體驗生活的美好。

在經歷了一個極大的浮躁過程之後，很多人的心靈開始慢慢回歸，返璞歸真。慢生活也在全球悄然興起。在《羅馬假日》故事的發生地羅馬，以及義大利的其他城市早在一九八九年就發起了慢城市運動，並滲入世界各國。

在這個時候，女人們應該明白：生活的藝術，在於知道如何享受一點點，而不是忍受許許多多。每天給自己多一點自信，少一點壓力，即使生活有一千個理由讓妳哭，妳也要找到第一千零一個能讓妳笑的理由。

第一夫人的平衡術：把更多的時間留給自己

「我意識到是巴拉克還是其他人來看孩子並不重要，重要的是我有了自己的時間。」

——蜜雪兒‧歐巴馬

蜜雪兒的朋友們都知道，蜜雪兒並非那種天生適合做政治家妻子的人，她從沒想到過要由她一個人獨自料理家務照顧孩子。

在她和歐巴馬剛有孩子那幾年，她簡直就是個絕望的家庭主婦、一個成天嘮叨的「怨婦」！在那幾年中，蜜雪兒發現，她既要照顧孩子、打理家務，又要工作，即便是「蜘蛛人」和「超人」的合體，也會常常苦惱於分身乏術。漸漸地，蜜雪兒開始抱怨並指責歐巴馬自私，只考慮他自己的工作。

歐巴馬心裡知道蜜雪兒對他週末不能回家很不高興，對此他感到很內疚。然而，妻子的怒火和歐巴馬自己對家庭的內疚感，都未能阻止他參加競選。二〇〇〇年，歐巴馬首度競選國會眾議員失敗。兩年多後，歐巴馬就又開始著手準備競選聯邦參議員。

事情到了這個地步，蜜雪兒沒有讓自己的怨恨和憤怒的情緒持續下去。她認識到，這種情緒只會毀了自己和他們的婚姻。

蜜雪兒後來對《人物》雜誌說，她當時開始認真地思考：如何才能停止憤怒，重新掌控生活，找回屬於自己的快樂呢？既然不能改變丈夫，就只有改變自己了。

蜜雪兒開始找保姆幫忙做家務，有時也會請母親過來照看孩子，她說，「我不再從巴拉克那裡尋找問題的答案，我意識到是巴拉克還是其他人來看孩子並不重要，重要的是我有了自己的時間。」

蜜雪兒在演講時，還把自己定位成一位既要工作又要照顧家庭的女性，並宣稱歐巴馬完全瞭解她們這類「工作女性」的困境。她有一次說：「巴拉克總是穿上他的西服和領帶，然後簡單說上一句：『我走了』。可是卻留下很多家務給我，而我還要做頭髮、化妝以及管教孩子！」她還舉例說：「當家裡的馬桶壞了，是誰請假留下來等工人來修？當孩子病了，是誰帶孩子去看病？很顯然，是我們女人！」蜜雪兒的話總能贏得一片掌聲，激起女性選民的共鳴。

家庭與事業都不想放棄的現代女性，每天都要面臨一個接一個的問題。但無論我們多麼忙，都要給自己留出屬於自己的時間，否則，女性很容易被淹沒在繁瑣的海洋中，失去自己，無法自拔。

曾經有一個都市上班族在日記中這樣寫道：「前幾天，遇到一個好久不見的朋友，聊天的時候，他問了我這樣一句話：『你是怎麼休假的？』面對這個極其普通的問題，我竟半天答不上來。後來，靜下心來仔細想想，我最大的苦惱，就是很難找到真正屬於自己的時間。一週五天，一天八個小時，工作時間的緊張繁忙自不必說，連準時下班對我來說都是一種奢侈，因為多半時候到了下班時間，卻還無法結束工作。」

生活中需要一些時刻屬於我們自己。巴爾扎克說過，躬身自問和沉思默想能夠充實我們的頭腦。生活中，我們需要為自己找出一段完全屬於自己的時間，和自己的心靈對話，體會生命的意義。

有人問古希臘大學問家安提司泰尼：「你從哲學中獲得什麼呢？」他回答說：「跟自己談話的能力。」跟自己談話，就是發現自己，發現另一個更加真實的自己。很多時候我們的內心常為外物所遮蔽掩飾，進而無暇去聆聽自己內心最真實的聲音。於是，我們總是在冥冥之中希望有一個天底下最瞭解自己的人，能夠在大千世界中坐下來靜靜傾聽自己心靈的訴說，能夠在熙來攘往的人群中為我們開闢一方心靈的淨土。可芸芸眾生，「萬般心事付瑤琴，弦斷有誰聽？」俞伯牙與鐘子期的這樣摯深的友誼，似乎都成了可望而不可即的奢望。知己是難尋，不過友情也是需要經營的，我們卻忽視了，所以我們孤單。

其實很多時候我們就是自己最好的知音，世界上還有誰能比自己更瞭解自己？

還有誰能比自己更能替自己保守祕密呢？因此，當妳煩躁、無聊的時候，不妨給自己一點時間，和自己的心靈認真地對話，讓心靈退入自己的靈魂中，靜下心來聆聽自己心靈的聲音，問問自己：我為何煩惱？為何不快樂？滿意這樣的生活嗎？我的待人處世錯在哪裡？我是不是還要追求工作上的成就？我要的是自己現在這個樣子嗎？生命如果這樣走完，我會不會有遺憾？我讓生活壓垮或埋沒了嗎？人生至此，我得到了什麼、失落了什麼？我還想追求什麼……

在自己的天地裡，妳可以毫無顧忌地「得意」，可以慢慢修復自己受傷的尊嚴，也可以坦誠地剖析自己，告訴自己到什麼樣的生活是適合自己的，在與自己的對話中，讓心靈放鬆，找到最適合自己的生活方式。

當妳的生活變得乾涸乏味，當妳的內心覺得需要審視自己的時候，女人該為自己留出一段時間，與自己獨處，試著安靜下來認真傾聽內心最真實的聲音。這種傾聽可以讓我們從生活的繁忙中抽身出來，拓展我們人生的深度，讓我們再度體驗自己生命甘泉的甜美。

「我們有個小健身房，五臟俱全」

「我們有個小健身房，五臟俱全。一家人可以隨時到這裡鍛鍊身體，釋放壓力，享受運動的快樂。」
——蜜雪兒・歐巴馬

蜜雪兒的個人形象與過去入主白宮的任何一位第一夫人的傳統形象都截然不同，除了端莊、大氣之外，她那健美的身材是任何一位前第一夫人都無法相比。

蜜雪兒經常穿著無袖靚裝，露出一雙健美臂膀，她那發達的肱二頭肌在剛入主白宮時就造成了一時轟動。

蜜雪兒的私人教練康奈爾麥克萊倫在接受一本健康雜誌採訪時，透露了歐巴馬夫人的健美雙臂是如何練成的。康奈爾說，從一九九七年開始，蜜雪兒就跟著他在他位於芝加哥的健身房健身，蜜雪兒每天的健身內容，包括一組日常心肺練習和舉重練習，主要包括三頭肌下壓和舉啞鈴在內的臂膀練習，每次重複這兩組動作二到三次。並稱，蜜雪兒是真正懂得健康和健身重要性的人。

的確，白宮生活令蜜雪兒非常驕傲的一點就是：我們有個小健身房，五臟俱全。一家人可以隨時到這裡鍛鍊身體，釋放壓力，享受運動的快樂。每天早晨起床後，歐巴馬和蜜雪兒都會到白宮內的健身房做運動。

歐巴馬當上美國總統之日，正是美國陷入內外交困之時。這種壓力自然也就反映在美國第一家庭的日常生活中。蜜雪兒在接受採訪中透露出第一家庭減壓的祕訣，那就是運動、幽默、處驚不亂。

蜜雪兒認為，大人是孩子首要模仿的對象，大人良好的生活習慣，有利於為孩子樹立好榜樣：「當孩子們看到她們的父母如此忙碌，仍能去健身和運動，他們長大後就能自然而然地意識到這些是成年人生活的一部分。」

生命在於運動。要擁有健康，就要從享受運動開始。運動能使老人益壽延年，能讓中年人強身健體，擺脫繁重的工作、家務後的疲憊，也能讓青少年受益無窮。只有注重運動與健康的人，才能更好地做事，更好地工作。現在生活節奏在不斷的加快，人們每日的生活被安排的滿滿的，甚至會為工作忙碌到深夜，每天忙碌的是工作，談論的是工作，幾乎沒有任何的個人閒暇時間，更何況去做什麼運動呢？生活是豐富多彩的，而我們卻只顧著低頭趕路。

但蜜雪兒告訴我們，正是因為我們過於忙碌，過於疲憊，我們更需要運動，更需要鍛鍊我們的身體，進而才能更好地工作，不會休息和運動的人，工作效率也不會很高的。

運動不僅能增強體質，提高健康水準，發揮體力和智力的潛力，為健康心理打下良好的物質基礎，而且還可以培養成功所必備的拼搏精神、競爭精神、協作精神，以及勇敢、堅韌、果斷、敏捷等許多優良素質。

體育鍛鍊能健全心血管系統，增強呼吸功能，加強消化系統功能，能改善神經系統的均衡性和靈活性，而且能促進人體生長，提高人體的抗病能力。同時，運動能增強人體對外界環境的適應能力。

運動能使身心產生愉快感。缺乏體育鍛鍊，會使人產生多慮和抑鬱，生活缺乏興趣，睡眠不徹底，無精打采，工作、學習效率低，缺少自信心，面對意外情況和社會壓力時，應變能力差，常常擺脫不了心理挫折和失敗的陰影等，這些都是身心不健康的具體表現，應透過加強體育鍛鍊去改變。

大文豪列夫・托爾斯泰，從青年時代起就酷愛體育，騎馬、狩獵、滑雪、體操，樣樣精通。寫作空隙時，就放下筆來到健身房做十到二十分鐘的器械體操。他經常為前來拜訪自己的客人做雙槓表演，其嫻熟和驚險的動作常博得來訪者的讚不絕口。

哈佛大學研究發現，運動一小時，可以延長兩小時的健康壽命，每天只要累積五千步以上的快走，就能幫妳減重及打造健康。據哈佛大學的研究，預防疾病與維持健康的體能活動量與強度，並不需要很激烈，只需要利用零散時間活動，累積適當的體能活動量即可。

競爭日益激烈的今天，每個人身上的精神壓力都不小，作為女人的妳，要試著改變整個家庭不合理的生活習慣，運動起來，趕走一切疲憊，一切煩惱，進而擁有一個幸福快樂而又健康的家庭。

即使是蜜雪兒，也不忘與閨蜜共用時光

「在這個世界上，沒有任何東西比友誼更加重要；沒有了朋友，妳就什麼也沒有了。」

——蜜雪兒・歐巴馬

閨蜜對女人來說是非常重要的，是女人情感的一個重要發洩口，也是獲得安慰與鼓勵的一個重要管道，只有女人才最懂得女人，她們能明白對方的內心所想，並且互相撫慰。

就連心理學家都認為，與同性朋友間保持密切的關係，有助於女性減少焦慮，同時可以使自己平靜下來，即使對於第一夫人蜜雪兒來說也不例外。

生活中的驚喜似乎總是與失落相伴。二〇〇四年十一月二日，歐巴馬當選為美國國會參議員，成為美國國會歷史上第五位、第一〇九屆國會中唯一一位黑人參議員。然而，歐巴馬和蜜雪兒還沒有充分享受勝利的喜悅，就不得不面對一個令他們十分沮喪的事實：歐巴馬必須要留在華盛頓辦公，而蜜雪兒決定和女兒們仍然居住在芝加哥。即使歐巴馬請求說「我希望妳能帶著孩子們來華盛頓，我已經和妳們分開太久了，我非常想念妳們」，蜜雪兒也不為所動。

實際上，蜜雪兒做出這個決定時內心十分掙扎，她也想過帶著孩子搬去華盛頓，加入參議員家屬俱樂部，然後重新調整自己的生活和事業，但是她最終打消了這個念頭。

她對一個朋友說：「很多人問我，聽說妳要搬到華盛頓去居住？答案當然是『不』。我所得到的所有支持，都是在大家的幫助下長年累積起來的，這裡有我的母親，我的朋友，如果我離開這裡，那麼我會失去所有的東西。」在她看來，歐巴馬應該為自己工作的調整負責——承受兩地奔波之苦。

「不愛競選活動，
更愛平淡日子」

那段時間裡，歐巴馬在繁忙的工作之餘，經常可憐巴巴地打電話給妻子和女兒，只是為了聽聽她們的聲音；也在時間允許的時候，坐飛機往返於兩地，但幾乎是一、兩個月才能見到她們一面。

他在《無畏的希望》一書中曾談到，那時的他是多麼想念家人；他是如此依賴蜜雪兒，沒有她的幫助，甚至連買一塊浴簾都很困難；他啟動面向全國的職業生涯所付出的代價非常昂貴，遠離了家的閒適，也失去了日常的家庭幸福。

儘管歐巴馬承受著痛苦，但也非常支持這個決定，他非常清楚她對友誼的珍視是一貫的。她在普林斯頓大學年鑒扉頁寫的那一句「在這個世界上，沒有任何東西比友誼更加重要；沒有了朋友，妳就什麼也沒有了。」最為清晰地表達了她心目中友情的分量。

蜜雪兒和她的朋友們，尤其是「閨中密友」之間，總是給予彼此莫大的支持和幫助。她獨自帶著兩個女兒在芝加哥居住時，幾乎每個週末，都要和好友伊馮娜・達維拉見面。通常是達維拉帶薩沙和她自己九歲的女兒去上舞蹈課，而蜜雪兒則帶著瑪麗亞和達維拉十歲的女兒一起玩足球。

她們會一起吃午餐或看電影，趁孩子們玩耍，達維拉和蜜雪兒則會坐下來聊天，她們無話不談，工作、孩子、著裝，也會談到女性平衡工作和家庭問題所面臨的困境。達維拉對此評價說：「這個時候，我們會覺得自己能解決世界上所有的問題。」

和蜜雪兒一樣，幾乎所有的女人都會有幾個貼心的「閨密」。對於充滿感性、心靈世界豐富多變的女性而言，閨蜜的作用其實比戀人或丈夫的作用還要大。

閨蜜之間有外人無法理解的小玩笑，她們互相逗樂，在繁忙的工作之餘彼此慰藉，只有在這個時候，她們能緩解工作中的緊張感，重新回歸小女人的幸福生活。無論妳在外面需要擺出怎樣的正經面貌，但在閨蜜面前，妳永遠可以最自由、最快樂。而且當遇到困難，閨蜜也會伸出援助之手。

艾瑪三年前失業了，那是一段灰色的歲月。在那期間，粗線條的丈夫一點也不懂得體貼安慰，每當艾瑪訴說內心的苦悶時，他總會說：「我每天那麼辛苦地在外養家，回了家還要聽妳嘮叨！」

對生活的擔憂、對丈夫的不滿讓艾瑪越發消沉，幸好她有一個要好的朋友。兩人原是同事，因為投緣認了姐妹，現在又一起離職。每當艾瑪心情鬱悶無人訴說的時候，她就會和自己的這位好姐妹絮絮叨叨，而她的姐妹總是真誠地安慰和鼓勵艾瑪。

朋友對她說：「我們不能靠男人養著，我可不願意看著他的臉色生活。」後來在這位朋友的鼓勵之下，艾瑪開了一個經營早餐的小店，每天早起工作雖然辛苦，但是艾瑪又有了生活的希望，而她的堅韌也減輕了丈夫的負擔，反而讓兩個人的關係更加親密了。

現代男女的生活節奏快、壓力大，女性更要經營好自己的朋友圈子，必要的時候像蜜雪兒那樣把朋友擺在比丈夫更高的位置也是必要的。因為，妳的丈夫很有可能和妳有相同的焦慮，但他並不能夠很好地從心理上幫助妳。而一個頭腦清醒的朋友卻能夠幫助妳從混亂的思緒中走出來，換一個角度去思考問題，重新審視自己的內心世界，那些原來以為無法解決的問題，就會迎刃而解。

朋友是女人值得珍惜一生的財富。如果妳有一些無話不說的朋友，那麼妳是幸運的，好好珍惜妳們之間的深厚友誼吧！

與家人共用時光，歡笑讓平淡生活不再單調

「兩人在維持婚姻的過程中，做到的是親密無間，同甘苦共命運，快樂時同歌笑語，遇到壓力時，處驚不亂。」

——蜜雪兒・歐巴馬

蜜雪兒在接受人物雜誌的專訪時，談到了她們一家入住白宮後的經歷和感受。她說，在二〇〇八年的競選活動中，歐巴馬和她基本上是帶著旅行箱全國到處跑，過著住旅館的生活。而如今，白宮成了新家，全家人也終於有機會能夠坐在一起，享受每次用餐時一家人聚在一起時的樂融融的生活了。

一家人坐在一起吃早餐，拉開了第一家庭一天生活的序幕。聊天是早餐不可缺少的「甜點」，當然大家聊的不見得是很嚴肅的話題，一邊吃著由白宮大廚準備的早餐，一邊聊些雜七雜八的俗事，這也就是白宮生活的一部分。

而每天的晚餐則是一家人最快樂的時光，大家談天說地，講起一天中所經歷的事情，不管是高興的事，還是不愉快的事，都會令人心曠神怡。蜜雪兒說，我們有好多年沒有像現在這樣一家人在一起團聚的快樂時光了，這也是為什麼我們對住在白宮感到興奮和快樂的原因。

對於自己與歐巴馬婚姻成功的祕訣，蜜雪兒笑答，兩人在維持婚姻的過程中，做到的是親密無間，同甘苦共命運，快樂時同歌笑語，遇到壓力時，處驚不亂。其中最主要的祕訣是能一起哈哈大笑，歐巴馬遇到煩心事時能保持冷靜。

蜜雪兒談到，在晚餐期間，我們會談些「玫瑰與刺」話題，將一天中我們所經歷的事情或有所感悟的事情講出來相互分享。有一次，瑪麗亞指著老爸說，爹地，你的工作似乎遍地荊棘。全家人聽後相互看著對方，然後大家都笑了起來。我對瑪麗亞說，是的，妳可以這樣講。

在白宮生活了近三年和經過了兩年的競選活動後，蜜雪兒學會了幫助身邊的人放鬆。她常常拿自己和丈夫開玩笑，並在出訪歐洲時揶揄記者。在試圖解釋她為什麼總是喜歡擁抱別人時，她說：「如果是我會見第一夫人，我也會感到局促不安。我認為如果我碰觸和擁抱他們，他們就會意識到這是真的，接著他們會放鬆、呼吸，並且開始享受這段會面時間。」

是的，沒有人會拒絕一個給自己帶來快樂的人，平淡的生活因歡笑而變得繽紛多彩，更何況並不平淡的生活。

在二十年前的美國，曾發生一件轟動性新聞：一個陌生路人將四萬美元現款給了加州一個六歲的小女孩。在大人的一再追問下，小女孩終於說出了令大家從沒想到的答案：「他好像說了一句話──妳天使般的歡笑，化解了我多年的苦悶！」原來，這個陌生人是一個富豪，但過得並不快樂。因為平時給人的感覺太過於冷酷，幾乎沒人敢對他笑。當他遇到小女孩的時候，她那天真無邪的歡笑驅散了他長久以來的孤寂，打開了他塵封多年的心扉。

歡笑是一種很神奇的力量，發自內心的歡笑會讓自己感覺到幸福，同時也給了別人溫暖。它就像是心裡飄出的一朵蓮花，美麗，令人一見傾心。歡笑是最原生態的吸引，它會讓人有被認可、被喜歡的安慰感。

正如一首詩所言：「桃花盡綻春風裡，疑惑全無盡留枝。」年輕的時候總愛笑，並非代表我們的心情一定好。但是到了一定年齡，反而會珍惜地回憶起兒時的天真無邪和沒有負擔的心境，以及那發自內心的歡笑。同時也會因為孩子們的單純可愛，沒有邪念，沒有爾虞我詐，沒有鉤心鬥角的笑容而產生想親近他們的願望。純淨的歡笑，善良的意念，能讓人產生一種自然的吸引力，吸引周圍的人自然不自然的願意與我們親近。真無邪的歡笑能使人回到善意的初衷，那就是所謂的，歡笑時才是人脫離人為的價值觀、獨立開來的寶貴時段，不用為此而驚奇。因為正是在這個驚奇的時段，人的心理才會是不偏不倚。

一些女性因為生活或工作上遭遇挫折，陷在悲傷的情緒中無力自拔，不想參加任何社交活動，心情不僅越來越糟，而且完全於事無補。她們應該學學那些一臉陽光明媚的女人，當人們看到她們臉上的笑容，也會自然地生出愉悅之情，能給別人帶來快樂的人，又怎麼可能不快樂呢？歡笑讓平淡生活不單調，讓我們臉上多一些笑容，世界也將會因為我們臉上的笑容而變得更加美好。

GOOD CHOICE 大大的享受拓展視野的好選擇

選擇堅持—馬雲的人生智慧

成長階梯系列 61

人永遠不要忘記自己第一天的夢想，
你的夢想是世界上最偉大的事情，
就是幫助別人成功。
至於你能走多遠，
第一天的夢想很重要。

先相信你自己：馬雲的價值理念

成長階梯系列 62

創業者最大的資本是自信，
第一要相信你能活，
第二要相信你有堅強的存活毅力。
我相信「相信」。
相信自己做的事情非常難，
沒有幾個人做得了，
自己能夠嘗試就已經勝利了一半。

成就大業的冒險精神－馬雲教戰守

成長階梯系列 63

做決策不能完全憑直覺，
在紛亂的外部環境中用自己的腦袋思考問題和判斷問題。
公司還很小的時候千萬別去講理論，
別人不一定會認同你的理念，但是都會按照你做的做。
生存下來的第一個想法是做好，
而不是做大。

謝謝您購買 絕不服輸蜜雪兒：貧民窟也可以飛出金鳳凰 這本書！

即日起，詳細填寫本卡各欄，對折免貼郵票寄回，我們每月將抽出一百名回函讀者寄出精美禮物，並享有生日當月購書優惠！

想知道更多更即時的消息，歡迎加入"永續圖書粉絲團"

您也可以利用以下傳真或是掃描圖檔寄回本公司信箱，謝謝。

傳真電話：（02）8647-3660 信箱：yungjiuh@ms45.hinet.net

☺ 姓名： □男 □女 □單身 □已婚

☺ 生日： □非會員 □已是會員

☺ E-Mail： 電話：（ ）

☺ 地址：

☺ 學歷：□高中及以下 □專科或大學 □研究所以上 □其他

☺ 職業：□學生 □資訊 □製造 □行銷 □服務 □金融
□傳播 □公教 □軍警 □自由 □家管 □其他

☺ 您購買此書的原因：□書名 □作者 □內容 □封面 □其他

☺ 您購買此書地點： 金額：

☺ 建議改進：□內容 □封面 □版面設計 □其他

您的建議：

廣 告 回 信
基隆郵局登記證
基隆廣字第 57 號

新北市汐止區大同路三段一九四號九樓之一

大拓文化事業有限公司收

請沿此虛線對折免貼郵票，以膠帶黏貼後寄回，謝謝！

想知道大拓文化的文字有何種魔力嗎？

- 請至鄰近各大書店洽詢選購。
- 永續圖書網，24小時訂購服務
  www.foreverbooks.com.tw
  免費加入會員，享有優惠折扣
- 郵政劃撥訂購：
  服務專線：(02)8647-3663
  郵政劃撥帳號：18669219